JESUS 스타트

KB193101

내 인생 최고의 블레싱

JESUS
스타트

최성은 지음

JESUS START

규장

전도가 어려운 시대라고 합니다. 그런데 우리는 전도를 시도조차 하지 않습니다. 그리고 강단에서 선포되는 전도 설교도 희귀합니다. 그러니 어떻게 전도의 열매를 기대할 수 있을까요?

초대교회의 설교는 언제나 전도 설교였습니다. 복음이야말로 설교의 핵심 주제였습니다.

지구촌교회에서는 가을마다 전도축제를 엽니다. 구원의 축복을 이웃들과 나누고자 함입니다. 최성은 목사의 전도축제 설교엔, 전도 설교의 핵심과 모범이 살아 있습니다. 많은 영혼을 복음으로 이끈 그 설교들이 책으로 엮여 출간된 것을 기쁘게 생각합니다. 나는 이런 설교가 한국교회 강단에 다시 거센 불길로 타오르기를 기도합니다. 부흥이 이 땅에 돌아와야 하기 때문입니다. 한국교회의 소망의 새벽을 보고 싶습니다. 전도설교의 귀감으로 이 책을 추천합니다. 전도가 필요한 이웃들에게 좋은 선물로도 추천합니다.

이동원 목사 ㅣ 지구촌교회 원로목사

최성은 목사님은 전도 중심의 목회를 하는 귀한 분입니다. 전도축제를 통하여 성도들이 예수님을 모르는 가족과 친구와 이웃을 위해 기도하고 전도할 기회를 제공합니다. 더 나아가 매년 지구촌교회 성도들과 함께 다른 지역 복음화와 연약한 교회 전도 지원에 힘을 쏟고 있습니다. 소속 교단 내에서도 전도운동을 이끌고 있습니다. 이는 한국교회에 꼭 필요한 사역이며 신선한 바람을 일으킬 모범 사례입니다.

이 책에 실린 최성은 목사님의 전도 설교들은 전도축제에서 음성으로 선포되었을 때 이미 많은 영혼이 구원의 축복을 경험한 바 있습니다. 하나님은 여기 인쇄된 말씀을 통해서도 많은 독자를 영적으로 살리실 것입니다.

최 목사님이 예수님을 만나 인생이 달라진 성경 인물들의 이야기를 따뜻하고 진솔하게 전해주기 때문입니다. 현대인들이 공감할 수 있는 쉬운 언어로 심령을 파고들어 자신의 영적 필요를 보게 하고, 친절하고 분명하게 복음의 진수를 설명하기 때문입니다.

그래서 이 책은 복음이 필요한 사람에게 전해줄 최고의 선물입니다. 기존 성도들에게도 믿는 복음의 진리를 더 확신하게 하고, 복음을 나눌 때 어떤 내용을 어떤 마음으로 어떻게 전하면 좋을지 알려주는 전도 교본이기도 합니다. 복음 전도 설교와 전도 활동이 절실한 이 시대에 출간된《JESUS 스타트》를 감사와 기쁨으로 강추합니다.

최종상 선교사 | 영국 선교사, 전 둘로스선교선 단장

Jesus Start!
내 인생 가장 극적인 만남

셰익스피어의 작품 《햄릿》 중에 많은 사람에게 알려진 유명한 대사가 있습니다. 바로 "사느냐 죽느냐 이것이 문제로다"입니다. 세상은 이 문제를 아주 중요하게 생각합니다. 왜냐하면 이것이 인간의 본질이기 때문입니다. 정말이지 살고 죽는 문제보다 무엇이 더 중요하겠습니까?

그러나 성경은 이보다 더 중요한 문제가 있다고 말합니다. 이 문제가 해결되지 않으면 살아도 행복하지 않고, 죽어도 끝이 아니라고 합니다. 그것은 바로 '죄'의 문제입니다.

우리의 실존은 '죄인'입니다. 이 사실을 알지 못하고 죄의 문제를 해결하지 않은 채로 존재의 문제에 대해 고민하고, 온갖 행복을 다 추구한대도 우리는 결코 행복할 수 없습니다.

세상의 모든 것을 추구해본 솔로몬 왕은 유명한 고백을 했습니다.

전도자가 이르되

헛되고 헛되며 헛되고 헛되니 모든 것이 헛되도다

해 아래에서 수고하는 모든 수고가 사람에게 무엇이 유익한가 …

모든 만물이 피곤하다는 것을 사람이 말로 다 말할 수는 없나니

눈은 보아도 족함이 없고

귀는 들어도 가득 차지 아니하도다

이미 있던 것이 후에 다시 있겠고

이미 한 일을 후에 다시 할지라

해 아래에는 새것이 없나니 …

나 전도자는 예루살렘에서 이스라엘 왕이 되어

마음을 다하며 지혜를 써서

하늘 아래에서 행하는 모든 일을 연구하며 살핀즉

이는 괴로운 것이니 하나님이 인생들에게 주사

수고하게 하신 것이라

내가 해 아래에서 행하는 모든 일을 보았노라 보라

모두 다 헛되어 바람을 잡으려는 것이로다

전도서 1:2-14,개역개정

죽음에 이르는 병

기독교 실존주의 철학자 쇠렌 키르케고르(1813~1855)는 《죽음에 이르는 병》이란 책에서 이런 인생의 문제를 아주 심도 있게 파헤쳤습니다. 그는 모든 인간은 '죽음에 이르는 병'에 걸렸는데, 그 병은 '고독과 절망'이라고 합니다. 그리고 인간이 느끼는 이 절대 고독과 절망은 실은 하나님과 분리되고 단절된 데서 비롯된 것인데, 그 원인이 바로 '죄'라고 말합니다.

인간은 이 죄의 문제를 스스로 해결할 수 없습니다. 우리는 우리를 대신하여 십자가를 짊어지신 하나님의 아들을 믿음으로써 '나도 예수님과 함께 십자가에서 죽는 경험'을 해야 비로소 새롭게 태어나는 존재입니다. 이것이 키르케고르가 실제로 경험한 실존주의 철학입니다.

그는 기독교 국가에서 명목상의 그리스도인으로 삶의 변화 없이 살아가는 자신의 모습에 고민하고 갈등하던 가운데 1848년 부활절 즈음, 그의 삶이 비로소 예수님으로 말미암아 완전히 변화되는 놀라운 체험을 하게 됩니다. 그리고 그 경험을 담아 이듬해 쓴 책이 《죽음에 이르는 병》이란 역작입니다.

예수님의 수제자였던 베드로를 비롯한 제자들이나, 이방인 선교의 장을 연 사도 바울, 그리고 초대교회 성도들 모두가 이러한 급진적인 삶의 변화를 경험했습니다.

죽은 유대교의 전통에서 벗어나서 하나님의 아들 안에서 본질적 죄인인 옛 자아가 죽고 완전히 새로운 존재로 태어나는 경험을 하게 된 것이 바로 초대 기독교 공동체의 탄생이었고, 그리스도인의 시작이었습니다.

《햄릿》에 나오는 명대사를 영어로 다시 한번 봅시다.

"To be or not to be, that is the question!"

한국말로는 "사느냐 죽느냐 이것이 문제로다"라고 번역되었지만, 직역한다면 이렇게 표현할 수 있습니다.

"실존을 할 것인가, 안 할 것인가? 이것이 문제로다."

이것은 다음과 같이 바꾸어볼 수 있습니다.

"나는 과연 살 만한 가치가 있는가? 그렇다면 지금 나는 살아야 할 가치를 어디에 두고 있는가?"

이것은 우리의 실존적 자아를 깨워주는 아주 중요한 질문입니다. 만약 나의 존재 가치를 나의 경험과 스펙과 위치와 업적에서 찾으려 한다면, 그것이야말로 키르케고르가 말한 것처럼 나를 '죽음에 이르는 병'에 걸리게 할 것입니다. 계속 고독하고, 계속 허망할 것입니다. 그것은 결국 썩어질 것들로 영원한 내 영혼을 채우려는 것이기 때문입니다.

죽음도 끝이 아니다

무서운 사실은, '죽음에 이르는 병'이라고 했지만, 실은 죽음도 이 병의 끝이 아니란 점입니다. 죽음은 영원으로 가는 관문일 뿐, 끝이 아닙니다.

성경은 인간이 하나님의 형상을 닮아 창조되었기에 우리가 비록 죄인이 되었지만, 인간의 영혼은 여전히 영원한 존재라고 말합니다. 따라서 죽음과 동시에 우리는 우리의 인생에 대한 판단을 받게 될 것임을 반드시 기억해야 합니다.

우리는 세상에 대해 정의와 심판을 원합니다. 그러나 나에 대해서는 은혜와 구원을 원하는 이중 잣대를 가졌습니다. 인간의 죄 된 본질이지요. 그러나 하나님은 공평하게 우리의 인생을 판단하실 것입니다.

'심판'이란 말이 일면 무섭고 나쁘게 들릴 수 있지만, 그렇지 않습니다. 심판은 선과 악을 판단하여 악은 벌하고, 억울한 것은 갚아주며, 공평치 못한 것에는 은혜를 주고, 수고한 인생의 눈물을 닦아주는 구원과 새 생명의 의미를 담고 있습니다.

이 일은 어느 위대한 한 인간이 할 수 있는 일이 아닙니다. 역사 속의 아무리 위대한 초인적인 인간이라도 그 역시 한 줌 흙으로 돌아가는 인간일 뿐입니다.

그래서 우리에게는 솔로몬이 깨달은 창조주 하나님이 필요합니다. 성경은 그분이 태초부터 존재하셨다고 증언합니다. 그리고 이처럼 헛되고 헛된 죽음에 이르는 병으로 고통당하고 방황하는 수많은 인생을 구원하시기 위해 자신의 아들을 인간의 모습으로 이 땅에 보내셨다고 기록합니다.

이 책은, 그렇게 죽음에 이르는 병에 걸려버린 인간을 긍휼히 여기시며 자신의 아들을 이 땅에 보내신 하나님과 그 아들이신 예수 그리스도의 인간에 대한 사랑의 세레나데입니다. 저는 그 세레나데를 전해드리며 복음으로 여러분을 초청하고 싶습니다.

우리에겐 복음이 필요합니다

저는 24년간의 이민자로서의 삶을 뒤로 하고 2019년도에 지구촌교회에 부임하며 고국 땅을 다시 밟았습니다.

그리고 그해 가을 첫 시리즈 설교로 요한복음 4장의 사마리아 수가성 여인에 대한 설교를 6주간 했습니다. 유대인들에게 소외 받던 사마리아 여인, 남편을 다섯이나 두어서 마을 주민들에게조차 따돌림을 받았던 여인, 죽도록 외로웠던 그녀의 이야기가 우리 모두의 이야기라고 생각했습니다.

그리고 마지막 여섯 번째 설교를 하는 주일이었습니다. 전도 축제인 '블레싱' 집회를 한 주 앞둔 날이었지요. 주일 1부 예배 설교가 끝나갈 즈음 저는 주님의 음성을 들었습니다.

'구원 초청을 하라!'

저는 설교를 계속하면서 마음속으로 갈등하며 주님께 물었습니다.

'주님, 다음주가 전도 축제입니다. 이 설교는 우리 교인들을 준비시키기 위한 말씀이지, 구원으로 초청하기 위한 말씀은 아닙니다.'

그러나 주님의 음성은 동일했습니다.

'구원 초청을 하라.'

저는 한 번 더 주님께 떼를 부려봤습니다.

'주님, 주일 1부 예배엔 헌신된 분들과 오랫동안 신앙생활을 해오신 시니어 분들이 많이 참석합니다. 다음주가 전도 축제이니 그때 하면 되잖아요.'

다시 주님의 음성이 들립니다.

'구원 초청을 지금 여기서 해라.'

이게 설교를 하는 도중에 일어난 일입니다. 그날 하루 종일, 1부 예배부터 청년부 예배까지 다섯 번을 그랬습니다. 저는 주님의 음성에 순종하여 구원 초청을 할 수밖에 없었지요.

그런데 놀랍게도 그날 예수님을 영접하겠다고 자리에서 일어나 결단한 성도들이 무려 7백여 명이나 되었습니다.

하나님께서 저의 마음 가운데 주셨던 음성은 우리가 교회 밖에 있는 사람들에게도 복음을 소개해야 하지만, 교회 안에 있는 교인들 가운데에도 아직 분명하게 예수님을 영접하지 않은 사람들이 있다는 것이었습니다. 그들에게도 복음을 전할 기회가 필요하다는 것입니다.

복음을 외치기도 하고 듣기도 해야 합니다

그렇습니다. 우리는 늘 복음을 외치기도 해야 하지만 우리 역시 복음을 들어야 합니다. 오늘날 한국교회 강단에 복음을 소개하고 예수님의 이름으로 초대하는 복음 전도 설교가 점차 줄어들고 있다는 평가들이 있습니다.

초소형화 된 사회 속에서 다양한 개인적 필요에도 민감하게 응답해야 하는 것은 맞습니다. 그러나 예수님이 보여주신 복된 소식에 그 모든 필요의 궁극적인 해답이 있음을 우리는 다시 확신해야 합니다.

가장 먼저 이 책을 복음에 대한 열정이 식은 그리스도인들에게 권하고 싶습니다. 그리고 복음을 사랑하는 그리스도인들에게도 권합니다. 또한 나 자신에게 권합니다. 왜냐하면 우리 모두는 늘 복된 소식을 다시 들어야 하는 존재이기 때문입니다. 그래야 다시 살아나기 때문입니다.

그리고 간절히 바라기는 복음을 들어야 할, 사랑하는 모든 미래의 그리스도인들에게 이 책이 읽히고 전해지길 원합니다. 그들이 복음을 알게 되기를, 죽음에 이르는 병에서 해결해주실 유일한 분을 만나게 되기를 정말 간절히 기도하고 바라고 있습니다.

복음이 다시 살게 합니다

저의 목회 여정에서 가장 기억에 남는 일을 꼽으라면, 저는 주저 없이 복음을 증거한 일이라고 말하고 싶습니다. 그리고 복음을 증거했을 때 사람들이 예수님을 영접하고 변화되는 모습들입니다.

목회는 어려운 길입니다. 때로는 너무 외로운 결정을 해야 하는 길이기도 합니다. 내가 또 일어나 걸어갈 수 있을까 싶을 만큼 힘겨운 때도 있습니다. 그러면서 깨닫습니다. 목회는 사람이 하는 일이 아니란 것을 말입니다.

그때마다 저를 다시 일으켜 세워주는 것은 바로 복음의 능력입니다. 그리고 그렇게 저를 다시 일으켜 세운 예수 그리스도의 복음을 전했을 때 절망 가운데 있던 사람들이 예수님을 영접하고 변화를 위한 힘찬 첫걸음을 내딛는 것을 보면, 그때의 감동과 희열은 세상의 어떤 것과도 바꿀 수 없는 영광스러운 것임을 깨닫습니다.

그래서 저는 오늘도 다시 일어나 복음을 증거합니다. 예수 그리스도의 복음만이 세상의 유일한 소망이기 때문입니다. 우리 모두 예수님으로 새롭게 시작합시다.

Jesus Start!

지난 5년간 팬데믹 상황에도 불구하고 함께 복음을 증거하고 기도의 눈물과 수고의 땀방울을 흘린 모든 지구촌교회와 동역 교회들, 그리고 앞으로 예수님을 영접하고 미래에 함께 동역할 모든 분들을 위해 기도하며.

지구촌교회 복음지기
최성은 목사

◆ 복음이신 예수 그리스도를 더 사랑하고 더 자랑하는 복음 전도자들과 함께 나누고 싶은 감동적인 찬양을 소개합니다.

"우리가 아직 죄인 되었을 때에
우리를 사랑하사 십자가를 지신 주
우릴 구원하셨네 새 생명 주셨네
우릴 향한 아버지 사랑 확증하셨네"

예수님 사랑 예수님 자랑, 한승필

"누가 그들을 위해 울어줄까
주님의 눈물을 가진 자 다시 일어나
예수의 생명 전하기를
주님의 눈물 내게 주소서"

누가 그들을 위해 울어줄까, 차진일

JESUS

PART
3
사랑,
누리고 나누어야 할 감격

START

JESUS

1부

만남,
우리가 만나야 할 복음

START

사도행전 3:1-10 1 제 구 시 기도 시간에 베드로와 요한
이 성전에 올라갈새 2 나면서 못 걷게 된 이를 사람들이
메고 오니 이는 성전에 들어가는 사람들에게 구걸하기
위하여 날마다 미문이라는 성전 문에 두는 자라 3 그가
베드로와 요한이 성전에 들어가려 함을 보고 구걸하거
늘 4 베드로가 요한과 더불어 주목하여 이르되 우리를
보라 하니 5 그가 그들에게서 무엇을 얻을까 하여 바라
보거늘 6 베드로가 이르되 은과 금은 내게 없거니와 내
게 있는 이것을 네게 주노니 나사렛 예수 그리스도의 이
름으로 일어나 걸으라 하고 7 오른손을 잡아 일으키니
발과 발목이 곧 힘을 얻고 8 뛰어 서서 걸으며 그들과
함께 성전으로 들어가면서 걷기도 하고 뛰기도 하며 하
나님을 찬송하니 9 모든 백성이 그 걷는 것과 하나님을
찬송함을 보고 10 그가 본래 성전 미문에 앉아 구걸하
던 사람인 줄 알고 그에게 일어난 일로 인하여 심히 놀
랍게 여기며 놀라니라

J E S U S   S T A R T

CHAPTER 01

무엇을 얻으려고
손 내밀고 있나요

베드로와 요한은 지금 제 구 시 기도 시간에 맞추어 성전으로 올라가고 있습니다. 이때는 십자가에서 죽으셨다가 부활하신 예수님이 하늘로 올라가신 후였습니다.

베드로와 요한은 예수님의 열두 제자 중에서도 수제자였습니다. 베드로가 반장이라면, 요한은 부반장이라고 할까요. 제 구 시는 우리의 시간으로 오후 3시를 가리킵니다. 당시 경건한 유대인들은 하루에 세 번, 즉 오전 9시와 정오, 그리고 오후 3시에 성전으로 가서 기도를 했습니다.

베드로와 요한은 그 같은 관습을 따라 기도하러 성전으로 올라가고 있었을 것입니다. 또 성전에 사람들이 많이 모여 있으니 전도를 하려는 마음도 있었을 것입니다.

베드로와 요한은 예루살렘 성전으로 들어가는 문 중에 하나인 '미문'(美門, Beautiful Gate)으로 불리는 곳을 통과하다가 그곳에서 동냥하고 있는 걸인 한 명을 만납니다. 미문은 예루살렘 성전으로 드나드는 열 개의 문 중에 가장 아름다운 문으로 알려져 있어서 이름도 '미문' 즉 '아름다운 문'이었습니다.

성전 입구에 앉아 있던 사람

성경은, 이 사람을 '나면서부터 걷지 못하게 된 자'라고 했습니다. 그는 전혀 걷지 못하기 때문에 사람들이 그를 메어서 데려다 놓았습니다. 불구인 사람을 이용해서 돈을 벌 목적으로 매일 데려다 놓았는지, 아니면 가족들이 생계를 위해서 동냥이라도 하라고 데려다 놓았는지는 모르겠으나 이 걸인은 매일 성전 미문에 앉아서 구걸을 했습니다. 아마 아주 오랫동안 그 일을 했을 것입니다.

사도행전 4장에 보면, 이 사람의 나이가 40여 세라고 했으니(행 4:22), 10세 이후부터 그렇게 살았다고 하면 30년은 족히 그렇게 살아왔을 것입니다.

그는 성전 미문에 앉아서 수많은 사람이 멀쩡한 다리로 걸어서 성전에 들어가는 것을 보아왔습니다. 그 세월이 최소 2,30년입니다. 그러나 사람들이 성전으로 들어가는 것을 보기만 할 뿐, 자기는 들어갈 수 없었습니다. 그러니 그의 가장 큰 소원은 무엇이었겠나요?

아마도 남들처럼 걸어서 성전에 들어가보는 것이 평생 소원이지 않았을까요? 남들에게는 평범하기 그지없는 '걷는 것'이 그에게는 평생 가장 소원하고 바라는 기적이었을 것입니다. 그리고 걷고 싶다는 마음의 소원 못지않게 간절히 바랐을 소원이 성전에 한번 들어가보는 것이지 않았을까요. 그러나 걷지 못하는 그에게는 결코 이룰 수 없는 꿈이었습니다.

그렇습니다. 남들에게는 너무나 평범하고 당연한 일이, 어떤 사람에게는 아주 애절하다 못해 피눈물 나도록 간절히 바라는 기적일 수 있습니다. 그는 날마다 그 기적을 소망하며 살아왔을 것입니다.

그 기적을 맛보기 위해 그는 많은 시도를 해봤을 것입니다. 용하다는 의원을 찾아가보기도 했을 것이고, 효험이 있다는 온갖 미신과 민간요법들도 다 해보았겠지요. 어쩌면 가지고 있는 재산 전부를 팔아서라도 걷기를 원했을 것입니다. 그리고 넘을 수 없는 현실의 벽 때문에 뼈아픈 좌절도, 낙담도, 인생의 가장 어두운 밑바닥을 지나는 것 같은 절망도 경험했을 것입니다.

더 가슴 아픈 것은 사람들의 시선과 멸시였습니다. '장애인들의 천국'이라고들 하는 미국에서도 장애를 가지고 산다는 것은, 그 자체만으로 대단한 고통을 감수해야 합니다. 그러니 2천 년 전의 유대 상황은 더욱 열악했겠지요. 게다가 장애나 질병을 하나님의 심판으로 여겼기에 사람들의 시선은 더욱 차가웠을 것입니다.

성전 미문에 앉아 있던 이유

그 걸인이 성전 미문에 앉아 있었던 데는 두 가지 이유가 있습니다.

첫 번째 이유는 그가 성전에 들어갈 수 없었기 때문입니다. 아주 명료하고 현실적인 이유이지요. 성전은 말 그대로 예배하는 곳, 하나님을 만나는 곳입니다. 예루살렘 성전은 유대인이라면 누구나 들어가고 싶어 하는 곳이었지만, 연약한 사람, 아픈 사람, 사회적인 약자, 여자와 이방인들은 절대로 성전에 들어갈 수 없었습니다. 따라서 그 걸인은 다리가 기적적으로 낫지 않는다면 평생 성전으로 들어갈 수 없었습니다.

하지만 장애인이었던 걸인은 그 문 이상을 지나 성전으로 들어갈 수 없었습니다. 하루에도 수없이 많은 사람이 미문을 통해 성전으로 들어가는 것을 보며, 그 걸인은 자신이 넘을 수 없는 미문을 얼마나 원망스럽게 바라보았을까요? 자신도 여느 다른 사람들처럼 그 웅장하고 아름다운 문을 지나서 성전으로 얼마나 들어가고 싶었을까요?

'걸을 수만 있다면, 아니 설령 다리가 낫지 않는다 해도 저 성전에 들어가서 기도라도 한번 해볼 수 있다면…!'

참으로 아이러니하게 이 걸인은 수십 년을 누구보다도 성전 가까이에 앉아 있었지만, 단 한 번도 성전 안에 들어가는 것이 허용되지 않았습니다. 이것이 우리 인생의 아이러니인지도 모르겠습니다. 꼭 하고 싶지만 할 수 없는, 그 불가능을 결코 뛰어넘을 수 없다는 우리 인생의 단면을 보여주는 것 같습니다.

두 번째 이유는 동냥을 하기 위해서입니다. 그가 앉아 있던 미문은 성전 동편에 위치한 문으로 '아름다운 문'이라고 이름 붙여질 만큼 웅장하고 아름다운 문이었습니다. 역사학자 요세푸스는 그 문은 이중으로 되어 있고 금과 은을 입혔으며 높이가 무려 23미터에 달한다고 묘사했습니다.

그런 만큼 성전으로 가려는 여러 문 중에서도 가장 인기가 많아서 지나다니는 사람이 많은 길목이었습니다. 걸인은 사람들이 많이 드나드는 그곳에 앉아 오가는 사람들에게 구걸을 하면서 생계를 유지하고 있었지요. 즉 먹고 사는 문제 때문에 성전에 들어갈 수 없었던 삶의 현실적인 문제를 보여줍니다. 먹고 사는 문제는 우리에게도 무척 중요합니다. 현실의 문제 때문에 우리가 소원하는 일을 할 수 없는 상황들이 우리 인생에서도 종종 일어나곤 합니다.

하나님의 타이밍

걸인은 미문에서 동냥하면서 성전을 드나드는 수많은 사람을 만났습니다. 그러면서 장안의 화제가 된다는 이야기는 다 들었습니다. 귀동냥에 밝았을 것입니다. 스캔들, 정치 이야기, 경제가 돌아가는 이야기, 로마가 또 어떻게 유대 민족을 압제하는지에 관한 이야기 등 많은 이야기를 들었겠지만, 무엇보다 그 당시 가장 장안의 화제는 기독교 공동체가 탄생한 것이었습니다. 그리고 그 중심엔 얼마 전에 십자가에 죽었다가 부활했다고 알려진 예수 그리스도가 있었습니다.

걸인은 예수님이 돌아가시기 전에 그분이 사람들의 병을 고친다는 이야기를 들었을 것입니다. 죽은 사람을 살리기도 하고, 기적을 베풀기도 했다고 하고, 그가 하나님의 아들이라고 하는데 진짜로 하늘에서 내려오신 것같이 놀라운 가르침을 베푼다는 이야기도 들었을 것입니다. 이런 소문들을 듣고 그 역시 예수 그리스도를 만나고 싶었을 것입니다.

그러나 결국 그분을 만나지 못했습니다. 그래서 여전히 성전 미문에 앉아 구걸을 하고 있었지요. 누구나 들어가지만 아무나 들어갈 수 없는 그 문에 앉아서 말입니다.

그러나 우리 인생에 타이밍은 우리가 원하는 때가 아니라 하나님께서 원하시는 때에 정확하게 임합니다. 바로 그 즈음 예수님의 수제자인 베드로와 요한이 기도하러 성전에 올라가기 위해 동편에 있는 미문을 지나가고 있었습니다.

우리를 보라!

걸인은 여느 때와 마찬가지로 베드로와 요한을 붙잡고 구걸했습니다. 그는 베드로와 요한이 누구인지 전혀 몰랐고, 평소 하던 대로 생계를 위해 구걸한 것입니다.

"선생님들, 이 불쌍한 사람에게 한 푼만 적선해주세요. 한 푼만 도와주세요."

베드로와 요한은 큰돈은 없었지만, 동전 한 개 정도는 줄 수 있었을 것입니다. 그리고 격려와 기도를 해주고 갈 길을 갈 수도 있었습니다. 그런데 베드로와 요한은 가던 길을 멈추었습니다.

베드로가 요한과 더불어 그를 눈여겨 보고, 그에게 말하였다. "우리를 보시오!" 사도행전 3:4, 새번역

베드로와 요한은 발걸음을 멈추고 그 걸인을 눈여겨봤습니다. 그리고 무언가 마음에 작정하고 그에게 말을 겁니다.

"우리를 보시오!"

단순히 적선을 위한 행동이 아니었습니다. 걸인은 "우리를 보시오"라는 베드로와 요한의 말에 '도대체 얼마나 많은 돈을 주려고 이러나' 하는 기대감으로 잔뜩 부풀었을 것입니다. 걸인 은 그들의 말대로 베드로와 요한을 주목하여 보았습니다.

그 못 걷는 사람은 무엇을 얻으려니 하고, 두 사람을 빤히 쳐다보 았다. 사도행전 3:5, 새번역

지금껏 별다른 소망 없이 게슴츠레한 눈으로 적선을 위해 내민 손에 떨어지는 돈만 보며 구걸해왔는데, 갑자기 정신을 차리고 눈을 들어 자신들을 보라니, 얼마나 큰 도움을 주려나 싶지 않았겠습니까? 그 말에 눈을 들어 베드로와 요한을 보았는데, 그들 역시 남루한 차림이었습니다. 어부 출신들이니 그럴 수밖에요.

기대와 실망이 갈피를 못 잡고 교차하던 걸인에게 베드로가 이렇게 외칩니다.

베드로가 말하기를 "은과 금은 내게 없으나, 내게 있는 것을 그대 에게 주니, …" 사도행전 3:6, 새번역

빵보다 중요한 것

기독교는 구제의 종교입니다. 사회적 약자에게 다가가 도움을 베푸는 것을 중요한 사명 중 하나로 여기지요. 그것이 예수 그리스도의 사랑이기 때문입니다. 그래서 초대교회는 구제를 게을리하지 않았습니다. 자신의 재산을 팔아 가난한 자들의 필요를 채워주었으며, 공동체와 함께 사용하던 역사가 있었습니다.

성경의 가르침대로 그리스도인은 예수님의 사랑으로 주린 자에게 빵을 주어야 하고, 억눌린 자에게 자유를 선포해야 하며, 상한 자를 치료해주어야 합니다. 그것이 예수님의 가르침이며, 직접 보여주신 모범입니다.

그러나 우리가 잊지 말아야 할 것이 있습니다. 언젠가 우리 모두는 그 빵을 먹을 수조차 없을 정도로 힘이 다 빠져서 결국 죽게 될 것이란 사실입니다.

너는 흙에서 나왔으니, 흙으로 돌아갈 것이다. 그때까지, 너는 얼굴에 땀을 흘려야 낟알을 먹을 수 있을 것이다. 너는 흙이니, 흙으로 돌아갈 것이다. 창세기 3:19, 새번역

하나님은 우주와 이 땅을 창조하신 후에 흙을 취하셔서 인

간을 만드셨습니다. 흙에서 만들어졌으니 죽어 흙으로 돌아가는 것은 모든 인간의 운명입니다. 그렇다면 그것이 인생의 끝일까요?

만약 흙으로 돌아가는 것이 끝이라면, 인생의 목적은 무엇일까요? 너무 허무하지 않을까요? 왜 도덕적으로 살아야 하고, 왜 선하게 살아야 하나요? 흙으로 돌아가는 것이 인생의 끝이라면, 어떻게 살든 아무 의미가 없는 것 아닌가요?

그러나 성경은 그것이 인생의 끝이 아니라고 가르칩니다. 흙으로 만들어져 흙으로 돌아가는 것은 인간의 피할 수 없는 운명이지만, 그 흙에서 다시 부활할 수 있는 존재란 사실을 가르쳐줍니다. 흙으로 인간을 만드신 후에 하나님께서 그분의 호흡으로 그분의 영을 불어넣어 주셨기 때문입니다. 영원하신 하나님의 호흡으로 지어졌기에 하나님과 함께 영원을 누릴 수 있는 존재가 된 것입니다.

"은과 금은 내게 없다"라는 말은 적선과 긍휼을 잔뜩 기대하고 있던 걸인에게 큰 절망감을 안겨주는 말이었습니다. 지금 그에게 필요한 것은 당장 오늘 하루 입에 풀칠할 수 있는 돈과 빵이었기 때문이지요. 그가 언제 금이나 은을 달라고 했던가요? 그저 한 푼만 도와달라고 적선하던 그에게 "우리를 보시오"라며 기대하게 만든 후에 한다는 말이 "금과 은은 없다"라니.

'내가 언제 금과 은을 달랬어? 뭐라도 줄 것처럼 불러서 쳐다보게 해놓고, 아무것도 없다는 것 아냐!'

금과 은을 원한 적도 없었지만, 이 선언은 성전 미문의 걸인에게는 가장 큰 절망이며 기분 나쁜 말이었습니다.

이 걸인뿐만 아니라 많은 사람이 종교를 찾을 때 금과 은을 목표로 하기도 합니다. 그것이 우리 인간의 본성이기 때문입니다.

그러나 베드로와 요한은 세상의 소망을 대표하는 금과 은은 없다고 선언함으로써, 그 걸인이 현실을 직시하게 한 것입니다.

"은과 금은 내게 없소."

그들에겐 정말로 은과 금이 없었습니다. 그러나 이어지는 말로 베드로는 자기 인생에 임했던 반전을 소개합니다.

"내게 있는 것으로 당신에게 주겠소!"

돈 한 푼보다, 빵 한 조각보다 더 귀하고 좋은 것이 있다는 선언이었습니다. 이것은 베드로의 간증이기도 합니다.

베드로와 요한은 현실의 생계를 책임지던 수단인 '어부'라는 직업을 버리고 예수님의 사랑을 증거하는 일에 온 생애를 걸었습니다. 그리고 이제 자신의 인생을 반전으로 이끌었던 그것을 걸인에게 전하고 있습니다.

예수 그리스도의 이름으로 일어나 걸으라

"… 내게 있는 것을 그대에게 주니, 나사렛 예수 그리스도의 이름으로 [일어나] 걸으시오" 하고, 사도행전 3:6, 새번역

베드로는 그 걸인의 손을 힘껏 붙들었습니다. 그리고 어떤 일이 벌어졌나요? 태어나면서부터 한 번도 일어나본 적이 없던 그 절망적인 사람의 손을 베드로가 힘껏 붙들어 일으키자, 걸인은 다리와 발목에 힘을 얻기 시작했습니다.

그의 오른손을 잡아 일으켰다. 그는 즉시 다리와 발목에 힘을 얻어서, 벌떡 일어나서 걸었다. 그는 걷기도 하고, 뛰기도 하며, 하나님을 찬양하면서, 그들과 함께 성전으로 들어갔다. 사람들은 모두 그가 걸어다니는 것과 하나님을 찬양하는 것을 보고, 또 그가 아름다운 문 곁에 앉아 구걸하던 바로 그 사람임을 알고서, 그에게 일어난 일로 몹시 놀랐으며, 이상하게 여겼다. 사도행전 3:7-10, 새번역

기적이 일어났습니다. 평생 불가능하다고 생각해서 차마 바라지도 못했던 소원이 이루어졌습니다! 얼마나 기뻤을까요? 아마 말로 다할 수 없을 정도였을 것입니다. 그는 걸었고, 뛰었습니다.

그런데 여기서 우리가 주목할 그의 행동이 있습니다. 그가 발목에 힘을 얻고 걷고 뛸 수 있게 되면서 가장 먼저 한 일은 성전 안으로 들어갔다는 것입니다. 그는 베드로와 요한과 함께 성전으로 들어가면서 너무 좋아서 걷기도 하고 뛰기도 하며 하나님을 찬송했습니다. 아마도 춤을 추며 하나님을 찬미했을 것입니다.

그는 자신이 치유된 것을 자랑하러 마을로 뛰어가지 않았습니다. 그동안 하고 싶었던 다른 일들을 하러 가지도 않았습니다. 그는 자신을 치료해주신 하나님께 감사드리기를 원했습니다. 그는 본질적인 것을 깨달았습니다. 누가 자신의 삶을 구원해주었는지를 알았습니다. 그리고 그 하나님을 찬양하고 싶었습니다.

평생 성전 미문에 앉아서 동냥을 하며 먹고 살아왔는데, 성전을 드나드는 수많은 사람을 보면서 그저 부러워만 했는데, 차마 입 밖으로 꺼내지도 못했던 소원을 하나님이 이루어주신 것입니다. 그래서 그는 하나님을 찬양하며 가장 먼저 성전으로 들어갔습니다.

가장 귀한 선물

그 걸인은 금과 은은 받지 못했지만, 그보다 더 중요한 선물, 인생에서 가장 귀한 선물을 받았습니다. 육신이 나았을 뿐 아니라 육신이 나음으로 인해 성전에 들어갈 수 있는 자격을 부여받았습니다. 그것이 이 걸인에게는 가장 큰 기쁨이었습니다.

그리고 더 큰 기적은, 하나님의 살아 계심을 체험한 것입니다. 이 모든 일은 베드로가 소개한 하나님의 아들 예수 그리스도를 통해서 이루어진 일입니다.

사실 우리는 본문의 걸인보다 못한 존재입니다. 왜냐하면 우리는 성경에서 말하는 '이방인'이기 때문입니다. 율법에 따르면, 유대인이 아닌 이방인은 성전에 들어갈 수 없습니다. 더군다나 우리는 다 죄인 아닌가요? 우리는 죄로 말미암아 영적으로 하나님과 단절된 상태에서 태어난 자들입니다.

그러나 성경은 예수님을 믿는 자에게는 이 걸인에게 임했던 것과 동일한 은혜가 주어진다고 선포합니다.

그러므로 형제자매 여러분, 우리는 예수의 피를 힘입어서 담대하게 지성소에 들어가게 되었습니다. 히브리서 10:19, 새번역 우리도 하나님의 지성소에 들어갈 수 있게 되었습니다! 하나님의 은혜로 말입니다. 그런데 조건이 있습니다. 바로 하나님의 아들 예수 그리스도입니다. 우리는 예수 그리스도를 힘입어 지성소로 들어갈 수 있게 되었습니다.

비록 걷지는 못했지만

베네수엘라로 선교를 간 적이 있습니다. 미국에서 목회할 때였는데, 선교 들어가기 직전에 베네수엘라에서 폭동이 일어났습니다. 〈뉴욕타임스〉에도 크게 실릴 만큼 심각한 상황이었습니다.

공항에 가보니 우리 선교팀 외에는 베네수엘라에 들어가려는 사람이 아무도 없었습니다. 우리 선교팀을 걱정하는 많은 분들이 위험하다고 들어가지 말라고 했지만, 선교사님과 약속한 것도 있었고 우리가 꼭 들어가야 하는 상황이었습니다.

베네수엘라 공항에 도착하자마자 경찰의 호위를 받으며 선교를 시작했습니다. 매일 1,2백 명의 사람에게 의료선교사역을 하고 복음을 증거했습니다.

그리고 마지막 날 저녁에 교회에 모여 집회를 했습니다. 수백 명의 사람이 모였습니다. 저는 집회에서 말씀을 전하기 위해 몇 날 며칠 동안 하나님이 주신 말씀을 묵상했습니다. 그때 하나님이 주신 말씀이 바로 이 장의 본문인 사도행전 3장 말씀이었습니다.

사실 설교자로서 이 말씀을 피하고 싶었습니다. 왜냐하면 선교 현장에 휠체어를 타고 온 분이 있었기 때문입니다. 그 분이 있는 상황에서 제가 이 말씀을 가지고 설교를 하면 어떤 일이 일어나야 하겠습니까? "예수 그리스도의 이름으로 일어나 걸으라"라고 했을 때, 걸인이 발목에 힘을 얻어서 걷고 뛸 수 있게 된 것처럼 휠체어를 타고 왔던 그 분도 일어나 걸을 수 있어야 할 것 아닌가요?

아마도 그곳에 모인 수백 명의 사람이 같은 기대를 가지고 있었을 것입니다. 그러니 제 심정이 얼마나 복잡했겠습니까? 피할 수만 있으면 이 말씀만큼은 피하고 싶었습니다.

집회 당일이 되어 수백 명의 사람들이 모인 가운데, 휠체어를 타고 온 자매가 사람들의 부축을 받아 맨 앞자리로 와서 설교를 듣기 시작했습니다.

'하나님, 이것 보세요. 제가 뭐라고 했습니까? 이 설교 안 한다고 했잖아요?'

이런 원망과 함께 설교하는 내내 입술이 바짝 타들어갔습니다.

설교를 마친 후에는 '밑져야 본전이지. 죽기살기로 한번 기도해보자' 하는 마음이 들어서 "이 자매를 위해 기도합시다"라고 선포하고는 그곳에 모인 수백 명의 사람들과 함께 눈물로 기도했습니다.

"제게 금과 은은 없으나 제게 있는 것으로 이 자매에게 줍니다. 나사렛 예수 그리스도의 이름으로 일어나 걸으십시오!"

기도하면서 '아, 난 베드로나 요한이 아니지…!'라는 사실이 깨달아졌지만, 이미 돌이킬 수 없었습니다.

물론, 때로 제가 기도할 때 하나님께서 놀라운 능력을 주시기도 하고 질병이 치유되기도 했습니다. 그러나 항상 극적인 기적으로만 역사하시는 하나님은 아니셨습니다. 그날 정말 간절히 기도했지만, 그 자매는 일어나지 못했습니다.

다음날, 의료선교사역 현장에서 그 자매를 다시 만났습니다. 얼굴을 쳐다보기가 어려웠습니다.

"자매님, 너무 미안해요."

용기를 내어 그 자매에게 말을 건네자, 그 자매는 이렇게 말했습니다.

"목사님, 저도 솔직히 많이 기대했어요. 그만큼 실망도 컸고요. 그러나 목사님이 저에게 하나님의 아들이신 예수 그리스도를 알려주심에 감사해요."

그 말에 너무 감사했고, 그 자리에서 다시 한번 그 자매에게 복음을 전했습니다.

"저에게는 금과 은이 없습니다. 그리고 자매님을 일으킬 힘도 없습니다. 그러나 자매님에게 드릴 수 있는 가장 큰 선물은, 저를 이 베네수엘라까지 인도하셔서 자매님을 위해 복음을 전하고 기도해줄 수 있게 하신 예수 그리스도입니다. 저는 예수 그리스도를 자매님에게 선물해드리고 싶습니다."

그 자매는 예수 그리스도를 삶의 구세주로 영접했습니다. 그 후에 그 자매가 일어나게 되었는지, 어떻게 되었는지는 모릅니다. 그러나 분명한 것은 그 자매의 삶에 하나님을 만날 수 있는 길이 활짝 열렸다는 것입니다.

그 문이 활짝 열렸다

누구든지 예수 그리스도의 이름을 부를 때 하나님을 만날 수 있고, 그 성전 문에 들어갈 수 있습니다. 예수 그리스도를 믿는 사람은 누구든지 예수 그리스도의 보혈로 이미 그 성소에 들어갈 담력을 얻었습니다.

우리가 건강하든 아니든, 장애가 있든 없든, 부유하든 가난하든, 똑똑하든 그렇지 않든 상관없이 가장 중요한 것은 우리가 영적인 장애에서 해방되었느냐 아니냐 하는 것입니다. 다른 문제는 이 땅에서 해결이 안 된다 할지라도, 영적인 문제만큼은 반드시 해결되어야 합니다. 그래야 우리에게 부활이 주어지기 때문입니다. 하나님은 인간이 스스로 풀 수 없는 이 문제를 해결해주시려고 그분의 아들을 이 땅 가운데 보내신 것입니다. 그리고 이렇게 말씀하십니다.

"예수 그리스도의 이름으로 일어나 걸으라."

우리에게 가장 기쁜 소식이 전해졌습니다. 2천 년 전에는 유대인 남자만 성전에 들어갈 수 있었습니다. 몸이 아픈 자, 이방인, 여인, 신분이 낮은 자는 들어갈 수 없었지요. 그러나 오늘날 교회의 문은 활짝 열려 있습니다. 베드로가 가지고 있던 그 이름, 예수 그리스도께서 하나님의 아들로서 이 땅에 오셔서 나의 모든 죄와 허물을 대신 짊어지시고 십자가에서 돌아가셨기 때문입니다. 그리고 그분이 나를 살리시기 위해 부활하셨기 때문입니다.

우리 인간은 죽음의 관문을 통과하지만, 그 죽음 뒤에는 부활의 관문도 놓여져 있습니다. 그 길을 예수님이 우리에게 허락해주셨습니다.

미문, 아름다운 문, 하나님께로 가는 그 문이 오늘날 활짝 열려 있습니다. 교회의 문이 아름다운 문이 된 이유는 하나님의 아들이 우리 대신 모든 죄와 고통을 지시고 구원의 문을 활짝 열어놓으셨기 때문입니다. 그 문의 열쇠는 예수 그리스도이십니다!

무엇을 얻을까 하여

우리는 저마다 우리 스스로도 알지 못하는 무언가를 얻기 위해 여기저기 기웃거리며 살아왔습니다. 그 여정에서 주저앉아 있는 내 인생을 다시 일으켜줄 핵심키가 돈이라고 생각하여 돈을 거머쥐기 위해 애써보기도 했고, 때로는 가정이 내 인생을 행복으로 이끌 기적이라고 생각해서 배우자와 자녀에게 모든 것을 다 걸어보기도 했습니다. 때로는 인간관계가 가장 중요한 열쇠인 양 간도 쓸개도 다 빼줄 것처럼 굽신거려보기도 했고, 세상이 이야기하는 성공과 재미를 미친 듯이 좇아보기도 했습니다.

그러나 여전히 잡을 수 없는 그 무언가를 움켜쥐려고 허공을 휘저으며, 채워지지 않는 무언가를 채우기 위해 밑 빠진 독에 열심히 이것저것 쓸어 담고 있는 우리의 텅 빈 모습을 마주하게 됩니다.

우리에게 진정 필요한 기적은 금과 은이 아닙니다. 세상이 말하는 부귀영화나 성공도 아닙니다. 그것은 바로 우리를 영적인 장애에서 일으켜 세워 온전케 하실 예수 그리스도의 이름입니다. 이것이 우리에게 진정으로 필요한 기적입니다.

오직 예수 그리스도의 이름만이 우리 인생의 목마름을 채우고, 내일을 알 수 없는 인생의 불안과 두려움을 물리쳐줍니다.

우리가 해결할 수 없는 모든 죄의 사슬에서 우리를 해방시켜주는 능력이 그 이름에 있습니다.

그 기적을 누리세요. 그 기적이 당신에게 주어졌습니다.

누가복음 19:1-10　1 예수께서 여리고로 들어가 지나가시더라 2 삭개오라 이름하는 자가 있으니 세리장이요 또한 부자라 3 그가 예수께서 어떠한 사람인가 하여 보고자 하되 키가 작고 사람이 많아 할 수 없어 4 앞으로 달려가서 보기 위하여 돌무화과나무에 올라가니 이는 예수께서 그리로 지나가시게 됨이러라 5 예수께서 그 곳에 이르사 쳐다 보시고 이르시되 삭개오야 속히 내려오라 내가 오늘 네 집에 유하여야 하겠다 하시니 6 급히 내려와 즐거워하며 영접하거늘 7 뭇 사람이 보고 수군거려 이르되 저가 죄인의 집에 유하러 들어갔도다 하더라 8 삭개오가 서서 주께 여짜오되 주여 보시옵소서 내 소유의 절반을 가난한 자들에게 주겠사오며 만일 누구의 것을 속여 빼앗은 일이 있으면 네 갑절이나 갚겠나이다 9 예수께서 이르시되 오늘 구원이 이 집에 이르렀으니 이 사람도 아브라함의 자손임이로다 10 인자가 온 것은 잃어버린 자를 찾아 구원하려 함이니라

J E S U S 　 S T A R T

CHAPTER 02

무엇을 찾으려고
높은 곳으로 오르고 있나요

"만약 신이 존재한다면 내가 먼저 그 신을 찾아가는 걸까? 아니면 그 신이 먼저 나를 찾아오는 걸까?"

아직 신이란 존재에 확신이 없는 사람이라면 이런 의문을 가질 수 있을 것입니다.

성경은 그 순서를 이렇게 말합니다.

우리가 사랑하는 것은 하나님이 우리를 먼저 사랑하셨기 때문입니다. 요한일서 4:19, 새번역

우리 안에 사랑하는 마음이 생겼다면, 그것은 하나님이 먼저 우리를 찾아오시고 사랑하셨기 때문이라는 말씀입니다.

예수님이 찾아가셨던 여인

요한복음 4장에 보면, 예수님이 먼저 찾아가셨던 한 여인이 나옵니다. 그녀는 사마리아 수가성에 사는 여인으로, 남편을 무려 다섯이나 두었던 여인입니다.

그렇지 않아도 북 이스라엘의 수도였던 사마리아는 여러 외세의 침략으로 이스라엘의 정통성이 희석되어 유대인들 사이에선 역사적으로 증오와 멸시의 대상이 되어온 곳이었습니다. 유대인들이 이방인보다 못하게 여기는 혼혈인들이 많았기 때문이지요.

그래서 유대인들은 절대로 사마리아를 거쳐 지나가지 않았습니다. 멀더라도 사마리아를 피해 일부러 다른 길로 빙 돌아서 갈 정도였습니다.

그런 사마리아에 남편을 다섯이나 두었던 과거로 인해 같은 사마리아인들 사이에서조차 멸시와 조롱을 당하는 한 여인을 예수님이 일부러 찾아가셨습니다. 하나님의 아들께서 그 한 여인의 애통과 삶의 아픔을 긍휼히 여기시고 일부러, 의도적으로 찾아가신 것입니다.

키 작은 부자 삭개오를 찾아가신 예수님

예수님이 일부러 찾아가신 또 한 사람이 있습니다. 여리고 성에 사는 삭개오라는 사람입니다. 예수님은 삭개오를 만나기 위해 의도적으로 여리고 성을 방문하십니다. 당시 예수님은 예루살렘으로 향하고 계셨습니다. 그러니 여리고 성으로 들어가지 않아도 되었는데, 일부러 들어가신 것입니다. 어떤 한 사람을 만나러 말입니다. 도대체 삭개오가 어떤 인물이었기에 예수님이 일부러 찾아가신 것일까요?

삭개오는 세리장이었습니다. 그 지역의 세금을 걷는 세리들의 책임자로, 꽤 지위가 높았다고 할 수 있습니다. 당시 이스라엘은 로마의 통치를 받고 있었는데, 로마는 제국을 유지하기 위해 통치하는 민족들로부터 막대한 세금을 거두어들였습니다. 이 때문에 유대인 입장에서 세리는 동족에게서 세금을 걷어 로마에 바치는 로마의 하수인, 즉 매국노와 같은 존재였습니다. 더군다나 어떤 세리들은 필요 이상의 세금을 거두어들여서 자신의 배를 채우기도 했습니다.

성경은 삭개오가 부자라고 설명합니다. 예수님의 제자 마태도 세리였는데, 삭개오는 그런 세리들을 관리하는 세리장이었으니 지위도 높고 축적해놓은 재산도 더 많았을 것입니다. 그만큼 동족에게서 세금을 착복했다는 뜻이기도 합니다.

그런 삭개오에게 두 가지 문제가 있었습니다. 하나는 신체적으로 키가 작았다는 것입니다. 성경이 '키가 작았다'라고 언급하는 것으로 볼 때, 키가 그냥 작은 정도가 아니라 평균 이하로 매우 작았던 것 같습니다. 삭개오는 아마도 그런 자신의 신체적 약점을 돈과 지위로 보상받기 위해 국민에게 욕을 먹는 세리장이란 역할도 마다하지 않았던 것 같습니다. 어쩌면 사람들에게 무시당하지 않으려고 세리장이란 직업을 택했을지도 모릅니다.

그런데 현실은 정반대였습니다. 유대인들은 세리를 죄인 취급하며 상종도 하지 않았습니다. 매춘부나 다름없다고 생각했고, 더 나아가 이방인 취급을 했습니다. 돈과 지위는 가졌지만, 존경은 없고 멸시와 천대를 받는 직업이 당시 세리장이었던 것이지요. 이것이 그의 두 번째 문제이자 인생의 큰 고민이었습니다.

앞에서 언급한 남편을 다섯이나 둔 사마리아 여인은 신분도, 재산도 없는 밑바닥 인생이었습니다. 그래서 친구도, 이웃도 없이 홀로 물을 길으러 우물가에 왔다가 예수님을 만났습니다.

환경과 인종은 다르지만 사마리아 여인과 삭개오에게는 공통점이 있었습니다. 그것은 인생에 대한 목마름이었습니다. 한 사람은 부는 가졌지만 채워지지 않는 목마름이 있었고, 또 다른 한 사람은 육신적인 쾌락은 누려보았지만 타는 갈증만 더할 뿐이었습니다.

앞 못 보는 자를 만나주신 예수님

여리고 성으로 들어가 삭개오를 만나기 전에 예수님이 만난 사람이 한 사람 더 있었습니다. 바로, 앞을 전혀 보지 못하는 시각 장애인이었습니다. 그는 생계를 위해 구걸을 하고 있었습니다. 길거리에 있던 사람들이 예수님을 알아보고 수군거리자 청각이 발달한 그는 '나사렛 예수님'이란 말을 듣고 소리쳤습니다.

"예수님, 예수님! 저를 불쌍히 여겨주소서. 제가 앞을 보기를 원합니다."

소리치며 예수님에게 다가가는 이 사람을 제자들이 말렸지만, 예수님은 그의 눈을 뜨게 해주셨습니다.

병든 자를 치료해주시고, 기적을 일으키시며, 이 땅에서 들을 수 없는 귀한 말씀을 들려주시는 나사렛 예수에 대한 소문이 여리고 성에 가득 찼습니다. 이방인보다 못한 취급을 받는 사마리아 여인에게 찾아가시기도 하고, 강도가 많고 위험한 여리고 성 근처에서 앞 못 보는 자를 고쳐주셨습니다. 예수님

에게 나아가는 자는 그가 누구든 흔쾌히 받아주시는 예수님의
인자한 모습에 사람들은 매료되었을 것입니다.

체면을 내려놓고 올라간 뽕나무

여리고 성에서 세금을 관리하던 삭개오가 이런 소식을 몰랐
을 리 없습니다. 삭개오는 예수님이란 인물이 궁금해졌습니다.
'그는 누구지? 이스라엘을 독립시켜준다던 우리가 기다리는
메시아인가? 아니면 엘리야 같은 위대한 선지자인가? 기적을
일으키는 모세와 같은 사람인가? 아니면 진짜로 하나님이 보
내신 하나님의 아들이라도 되는 걸까?'

삭개오는 예수님이 어떤 존재인지 알기를 간절히 원했습니
다. 그리고 드디어 예수님이 여리고 성에 들어오셨습니다. 늘
그렇듯이 군중이 예수님을 둘러쌌습니다. 삭개오 역시 예수님
을 보기 위해 가까이 가고 싶었습니다. 그런데 키가 너무 작았
습니다. 아무리 까치발을 들어도 예수님을 볼 수 없었지요. 하
지만 삭개오는 자신에게 찾아온 기회를 놓치고 싶지 않았습니
다. 그래서 예수님이 지나가시는 길목으로 달려가 그 주변 뽕
나무에 올라갔습니다.

삭개오가 예수님을 만나기 위해 뽕나무 위로 올라간 것은

자신의 자존심을 내려놓는 행위였습니다. 그는 존경은 받지 못했지만 그래도 막강한 권력을 가지고 있던 세리장이었습니다. 그런 삭개오가 예수님을 만나기 위해 발 뒤꿈치를 드는 것도 모자라서 체면이고 뭐고 다 내려놓고 뽕나무로 올라간 것은, 자신의 체면보다 더 중요한 인생의 답을 찾기 위함이었습니다.

우리나라의 경우, 조선 시대 당시 양반은 절대 나무에 오르지 않았습니다. 꼭 필요한 일이 있어도 자기 대신 나무에 올라가줄 사람이 없으면 포기하고 말았지요. 당시 삭개오의 사회적 위치도 꽤나 높았습니다. 하지만 그는 체면보다 더 중요한 인생의 답을 찾기 위해 사람들의 시선도 마다하지 않고 나무 위로 올라간 것입니다.

우리도 다른 사람보다 더 멀리 보기 위해 고지에 올라갈 때가 있습니다. 세상은 '경쟁에서 뒤처지면 실패자'라는 메시지를 전합니다. 높이 나는 새가 더 멀리 본다는 말은 우리가 좋아하는 세상의 명언이지요. 그만큼 세상 사람들도 다른 사람들보다 높은 곳에 올라가기 위해 애쓰고 있습니다. 성공하기 위해서 말입니다.

그런데 삭개오가 올라간 고지는 성공을 위해 올라간 곳이 아니었습니다. 삭개오는 이미 돈과 권력을 위해 갖은 수단과 방법을 동원하여 고지로 올라가 보았습니다. 그래서 여리고 성 전체의 세리장이 되었지요. 그러나 세상의 고지에서 그가 느낀 것은 승리의 기쁨이 아니라 허무함이었습니다. 사람들은 그를 멸시했고, 멀리했습니다. 그랬던 그가 지금 올라간 뽕나무는, 성공을 위해서가 아니라 인생의 답을 찾기 위해서 자신의 체면을 내려놓고 올라간 자리였습니다.

삭개오야, 어서 내려오너라

삭개오를 알아본 사람들은 손가락질을 했습니다. 부와 권력을 가진 사람이니 대놓고 욕은 못했겠지만, 서로 수군거리고 웅성댔습니다.

'죄인인 주제에, 좋은 것은 알아가지고….'

그러나 비난이 익숙했던 삭개오에게 그런 건 전혀 문제가 되지 않았습니다. 지금 그는 체면을 지키는 것보다 더욱 절박하게 인생의 답을 찾고 싶었기 때문입니다.

그런데 신기한 일이 일어났습니다. 예수님을 만나려고 몰려든 구름 같은 사람들 가운데서 예수님이 눈을 마주쳐주신 사람이 다름 아닌 바로 삭개오였던 것입니다. 삭개오와 눈을 마주친 예수님은 이렇게 말씀하셨습니다.

"삭개오야, 어서 내려오너라. 오늘은 내가 네 집에서 묵어야 하겠다." 누가복음 19:5, 새번역

이 한마디가 우리의 인생에도 울림이 되기를 바랍니다.

"삭개오야, 어서 내려오너라! 거기 올라가느라 얼마나 힘들었느냐? 남들과 경쟁하며 사느라 얼마나 고단했느냐? 더 이상 올라가지 않아도 된다. 이제 그만 내려오너라. 내가 오늘 네 집에서 머물러야겠다."

사람들은 귀를 의심했습니다.

'예수님이 먼저 찾으신 사람이 하나님을 잘 믿고 율법을 잘 지킨 우리가 아니라 저 로마의 앞잡이 세리장 삭개오라고?'

여리고 시민들은 어안이 벙벙했습니다. 사람들이 그러거나 말거나 삭개오는 기뻐서 어쩔 줄 몰랐습니다.

그러자 삭개오는 얼른 내려와서, 기뻐하면서 예수를 모셔 들였다.

누가복음 19:6, 새번역

삭개오는 자기 인생에 찾아온 가장 중요한 기회를 놓치지 않고 즉시 예수님을 자신의 집으로 모셔들였습니다. 집으로 초청한다는 것은, 자신의 삶을 공개한다는 의미입니다. 삭개오는 자기 삶의 한복판에 예수님을 영접해 들인 것입니다.

죄인의 집으로 찾아가신 예수님

그러자 이제 삭개오를 향하던 비난의 화살이 예수님에게로 날아가기 시작했습니다.

그런데 사람들이 이것을 보고서, 모두 수군거리며 말하였다. "그가 죄인의 집에 묵으려고 들어갔다." 누가복음 19:7, 새번역

사람들은 삭개오를 죄인으로 낙인찍고 있었습니다. 그런데 자신들이 따르고 추종하는 예수님이 그런 삭개오의 집에 머무시겠다고 직접 말씀하신 것입니다. 이것은 대단히 충격적인 일이었습니다.

유대인들은 율법에 따라, 거룩하기 위해 부정한 사람과 부정한 물건은 접촉하지 말아야 한다고 배웠습니다. 그러니 그들의 상식에서 세리는 같이 식사는커녕 상종도 말아야 할 죄인이었기 때문에 예수님의 이 같은 행보가 더욱 충격이었던 것입니다.

그런데 예수님은 '거룩'이란 부정한 것을 무조건 배척하고 외면하는 것이 아니라, 부정한 것을 찾아가 치유하는 것임을 보여주셨습니다. 어둠을 비추기 위해 빛이 왔다는 것을 보여주신 것입니다. 빛은 그 자체로 존재를 위해 존재하는 것이 아

니라 어두운 곳을 비추기 위해 존재하는 것임을 알려주신 것입니다. 마찬가지로 거룩은 그 자체로서 존재하는 것이 아니라 부정한 것을 찾아가서 치유해주기 위한 것임을 주님이 보여주셨습니다.

예수님을 만나자 일어난 놀라운 변화

예수님을 집으로 초대한 삭개오는 예수님 앞에 감히 앉지도 못하고 너무도 기쁜 마음에 흥분된 목소리로 고백합니다.

> 삭개오가 일어서서 주님께 말하였다. "주님, 보십시오. 내 소유의 절반을 가난한 사람들에게 주겠습니다. 또 내가 누구에게서 강제로 빼앗은 것이 있으면, 네 배로 하여 갚아 주겠습니다."
>
> 누가복음 19:8, 새번역

정말 놀라운 고백입니다. 삭개오의 이 고백은 확신과 흥분이 묻어나는 기쁨의 고백 같지만, 실은 자신이 죄인임을 고백하는 것입니다. 사람이 하나님을 진정으로 만나면 자신이 죄인임을 고백하게 되지요. 삭개오도 마찬가지였습니다.

삭개오는 자신의 집 앞에서 지켜보고 있는 수많은 사람과 자기를 찾아오신 하나님의 아들 앞에서 자기 모든 소유의 절반을 가난한 사람들에게 나누어주겠다고 선언합니다. 한편, 자신이 세리장으로 일하면서 폭리를 취하거나 부당하게 재물을 빼앗은 일이 있다면 네 배나 갚겠다고 합니다. 이것은 자신의 잘못을 인정하고 배상하겠다는 선언입니다.

더욱이 구약의 율법에 따르면 남의 것을 훔친 것이 있으면 그것을 그대로 돌려주고 거기에 20퍼센트를 더 주게 되어 있는데, 삭개오는 무려 네 배로 변상하겠다고 한 것입니다.

예수님이 삭개오에게 그렇게 하라고 요청하신 것도 아닙니다. 예수님은 사람들에게 다가가실 때 이런 요청을 하신 적이 없습니다.

성경 기록에 따르면, 딱 한 번 재물이 많은 한 관리가 예수님을 찾아와 "내가 하나님의 계명은 어려서부터 다 지켰습니다. 내가 무엇을 하여야 영생을 얻을 수 있습니까?"라고 물었을 때 "네게 있는 것을 다 팔아 가난한 자들에게 나눠주라 … 그리고 나를 따르라"라고 하셨습니다. 그 부자 관리는 예수님의 말씀에 근심하며 돌아갔지요. 예수님은 이미 그 부자 청년의 중심을 아셨기에 이 같은 말씀을 하셨던 것입니다.

그러나 삭개오는 자신의 삶을 정말 정직하게 뉘우치면서 주님 앞에 자진 납세하였습니다. 삭개오의 이 행동은 위대한 결정이었습니다.

우리도 구원받은 이후에는 이런 삶의 변화가 분명히 일어나야 합니다. 삶의 변화가 있어야 정말 하나님을 믿는 것입니다. 그러나 동시에 이런 행위 때문에 우리가 구원받는 것은 아니란 사실을 알아야 합니다. 예수님을 믿은 후에는 삶의 변화가 분명히 있어야 하지만, 이런 행위나 업적 때문에 우리가 구원 받는 것은 아니라는 점을 알아야 한다는 것입니다.

그러면 무엇 때문에 우리의 죄가 용서받는 것이고, 무엇 때문에 우리가 자유함을 누릴 수 있는 것일까요?

오늘 구원이 이 집에 이르렀다

모든 사람이 삭개오의 놀라운 선언을 목격하는 가운데, 다들 예수님이 뭐라고 하실지 조용히 예수님의 답변을 기다리고 있었습니다.

예수께서 그에게 말씀하셨다. "오늘 구원이 이 집에 이르렀다. 이 사람도 아브라함의 자손이다. 인자는 잃은 것을 찾아 구원하러 왔다." 누가복음 19:9,10, 새번역

예수님의 이 선언은 여리고 성 안의 모든 사람에게 너무나도

놀랍고 충격적인 선언이었습니다.

삭개오는 하나님의 아들 앞에서 자신이 도둑질한 죄인임을 직접적으로 인정했습니다. 사람들 역시 이미 그를 정죄하고 있었습니다. 그런데 그때 하나님의 아들은 삭개오를 옹호하시며 대변하신 것입니다.

자신을 보기 위해 몰려든 수많은 사람을 제치고 삭개오를 향해 "내가 네 집에서 '반드시' 묵어야 하겠다"(I 'must stay' at your house)라고 하시며 삭개오의 집으로 들어가신 예수님이, 모두가 보는 앞에서 삭개오 역시 이스라엘 백성의 시조인 아브라함의 자손이라고 선언하셨습니다. 즉, 삭개오가 하나님의 가족임을 선언하신 것입니다. 그러면서 예수님은 "오늘 구원이 이 집에 이르렀다"라고 말씀해주십니다.

많은 사람이 과거에 지은 죄 때문에 누군가에게 용서받고 싶어 합니다. 특히 삶의 끝자락에 이르러 죽음이 다가오고 있음을 자각할 때, 용서받지 못한 자신의 존재를 느끼며 이런 갈급함을 느끼곤 합니다. 이는 어떤 특정 대상에게 용서를 구하고 싶다기보다 스스로 용서되지 않는 자신의 인생에 대한 불안감의 표현일 것입니다.

이것은 우리에게 큰 걸림돌이 되며, 영원히 풀 수 없는 숙제이기도 합니다. 왜냐하면 인간은 결코 자기 자신을 스스로 용서할 수 없는 존재이기 때문입니다.

자기 부인을 할 때 자기 용납이 시작된다

삭개오의 삶을 보면, 그는 엄청난 재력과 권력을 소유하고 있었음에도 불구하고, 스스로 도저히 용납할 수 없는 죄의 문제, 양심의 문제, 열등감의 문제가 여전히 그를 괴롭히고 있었습니다. 그런 삭개오가 예수님을 만나면서 자기 자신을 내려놓기 시작했습니다. 자기 부인(self-denial)이 시작된 것입니다.

예수님을 영접하면서 삭개오는 자기 체면과 욕심을 내려놓고 자기 스스로 죄인임을 인정했습니다. 자신이 가진 부와 권력을 가지고 겉으로는 떵떵거리며 살 수 있었겠지만, 거기엔 인생의 참된 기쁨이 없다는 것을 깨달은 것입니다.

그런데 자기 부인을 하는 그때, 자기 용납이 시작됩니다. 벌거벗은 모습으로 체면 불사하고 하나님 앞에 나아가면, 하나님은 나의 죗값을 계산하여 나를 정죄하시는 것이 아니라 나에게 거룩의 옷을 입혀주시고 새로운 생명을 주십니다. 그리고 선언하십니다.

"내 아들아, 내 딸아, 오늘 구원이 네게 이르렀다. 너는 나의 자녀다. 동쪽에서 서쪽이 먼 것처럼 너의 죄를 멀리 치웠으며 나도 너의 죄를 기억하지 않는단다."

삭개오가 자신의 죄를 스스로 고백하고 자기 부인을 하자 예수님이 여리고 성의 모든 유대인들 앞에서 그가 아브라함의 자손이요 하나님이 찾으시는 잃어버린 자녀 중에 하나라는 것을 선포하셨습니다. 내가 나를 포기했더니 나를 찾았고, 내가 나를 낮추었더니 하나님이 나를 높이셨습니다.

하나님 안에서 건강한 자기 부인이 시작되면 하나님은 우리를 용납하시며, 그때야 비로소 십자가 안에서 자기 용납이 이루어지는 것입니다.

당신은 어디에 올라가 있나요?

어떤 사람들은 더 넓은 세상을 보기 위해 높은 곳에 올라갑니다. 다른 사람들보다 세상을 더 잘 알기 위해서 고지에 올라갑니다. 인생의 경쟁에서 승리하기 위해 높은 곳에 올라가면 반드시 떨어질 때가 옵니다.

그런데 삭개오는 그런 고지가 아니라, 자신의 인생을 구원할 수 있는 분을 만나기 위해, 자신을 내려놓기 위해 나무 위로 올라갔습니다. 그리고 무슨 일이 벌어졌습니까?

자신을 똑바로 쳐다보시는 하나님의 아들 앞에서 자신의 인생을 솔직히 내보였습니다. 자신의 죄도, 허물도, 실수도, 인간됨도 모두 말입니다.

자신을 정죄하는 수많은 사람이 있었지만, 삭개오에게는 이

제 그것이 하나도 중요하지 않았습니다. 어차피 그들은 자신의 인생을 책임지거나 구원할 수 있는 존재가 아니라, 자신과 똑같이 판단 받을 존재라는 것을 깨달았기 때문입니다.

나를 대신하여 나무에 오르신 주님

삭개오는 하나님의 아들을 보기 위해 나무에 올라갔습니다. 그런데 이제 하나님의 아들이 삭개오 대신 그 나무 위로 올라가실 것입니다. 바로 저 나무 십자가에 높이 매달려 죽으신 것입니다. 하나님의 아들이 삭개오의 죄와 삶의 무게를 짊어지시고, 대신 용서와 구원을 통해 새 생명을 주셨습니다.

최근에 묵직한 감동을 받은 책이 있습니다. 유품 정리사들의 이야기를 담은 《떠난 후에 남겨진 것들》이란 책입니다. 이 책의 부제는 "유품 정리사가 떠난 이들의 뒷모습에서 배운 삶의 의미"입니다.

'유품 정리사'는 말 그대로 세상을 떠난 사람들이 남긴 유품을 정리하는 직업입니다. 이 책의 저자는 2007년부터 지금까지 천여 명이 넘는 사람들의 유품을 정리했다고 합니다. 이 책을 읽으며 다시 한번 삶과 죽음의 의미를 깊이 묵상해볼 수 있었고, 또 이 땅에 살아 있는 시간이 얼마나 소중한 시간인지를 되새겨보게 되었습니다. 책 중에 이런 글귀가 있습니다.

"유품 정리사. 우리는 고인의 고통스러운 기억과 유족의 아픔을 지운다. 우리는 어제 이곳에서 살던 고인을 오늘 천국으로 이사하는 데 도움을 주는 사람들이다."

정말 감동적인 표현입니다. 특히 '천국으로 이사하는 데 도움을 준다'라는 표현이 제 마음에 오래 남았습니다.

그런데, 그 분들이 귀하고 의미 있는 일들을 감당하는 것은 너무 감동적이지만, 그 고통스러운 기억들과 죄의 문제들은 결코 사람이 지울 수 없다는 생각도 들었습니다. 격려하고 도와줄 수는 있지만 근본적으로 죄의 문제는 인간 스스로 해결할 수 있는 영역이 아닙니다. 삭개오를 대신하여 나무에 달리신 예수 그리스도, 나를 대신하여 십자가에 달리신 하나님의 아들만이 해결해주실 수 있는 문제입니다.

사람은 더 높은 권력을 차지하기 위해, 더 많은 힘을 갖기 위해 높은 곳에 올라가지만, 하나님의 아들 예수께서는 사람들의 죄를 짊어지시고 그 죄를 해결하시려고 높은 곳에 오르셨습니다. 그래서 오직 그분만이 고통과 죄의 문제를 해결하실 수 있는 것입니다.

당신은 지금 어떤 나무에 올라가 있나요? 세상을 보기 위해, 혹은 진리를 찾기 위해 올라갔나요? 어떤 고지에 오르려고 애를 쓰고 있습니까? 하나님이 이제 내려오라고 하십니다. "사랑하는 자녀야, 어서 내려오거라. 내가 너의 집에 가서 함께 먹고 머물러야겠구나. 이제 나와 함께 교제하자. 그 나무엔 내가 대신 올라가겠다"라고 말씀하십니다. 이 음성이 우리 모두의 가슴에 깊이 울리기를 바랍니다.

그리고 예수님의 초청에 즐거워하며 영접했던 삭개오처럼 우리도 주님의 초청에 즐거이 응답하면 좋겠습니다. 주님이 당신을 부르십니다.

"그동안 높은 곳에 오르느라 고생 많이 했지? 얼마나 많이 피곤하니. 이제 내려오렴."

누가복음 8:40-48 40 예수께서 돌아오시매 무리가 환영하니 이는 다 기다렸음이러라 41 이에 회당장인 야이로라 하는 사람이 와서 예수의 발 아래에 엎드려 자기 집에 오시기를 간구하니 42 이는 자기에게 열두 살 된 외딸이 있어 죽어감이러라 예수께서 가실 때에 무리가 밀려들더라 43 이에 열두 해를 혈루증으로 앓는 중에 아무에게도 고침을 받지 못하던 여자가 44 예수의 뒤로 와서 그의 옷 가에 손을 대니 혈루증이 즉시 그쳤더라 45 예수께서 이르시되 내게 손을 댄 자가 누구냐 하시니 다 아니라 할 때에 베드로가 이르되 주여 무리가 밀려들어 미나이다 46 예수께서 이르시되 내게 손을 댄 자가 있도다 이는 내게서 능력이 나간 줄 앎이로다 하신대 47 여자가 스스로 숨기지 못할 줄 알고 떨며 나아와 엎드리어 그 손 댄 이유와 곧 나은 것을 모든 사람 앞에서 말하니 48 예수께서 이르시되 딸아 네 믿음이 너를 구원하였으니 평안히 가라 하시더라

CHAPTER 03

갈급하여 헤매고 있는
사람은 누구인가요

코로나19 팬데믹 상황이 닥치자 이전에 없던 새로운 용어들이 등장했습니다. 그중에 '뉴노멀'이나 '언택트'라는 말이 있습니다. '뉴노멀'(New normal)은 위기 이후 과거에 없던 새로운 일상이 생겼다는 변화의 의미이고, '언택트'(Untact)라는 말은 서로 접촉할 수 없는 시대라는 의미가 담긴 신조어입니다.

지난 몇 년 간 코로나19 바이러스에 대한 염려로 우리는 서로 포옹은 물론이고 악수를 하거나 함께 앉아서 차를 마시며 대화하는 것조차 피해야 했습니다.

팬데믹 상황이 한창일 때는 사랑하는 가족을 잃고서 시신을 만져볼 수도, 장례를 제대로 치를 수도 없었고, 마지막 임종조차 지킬 수 없었던 가슴 아픈 사건들도 많았습니다. 그러다 보니 그 기간에 우울증도 급증했다고 합니다. 이를 '코로나 블루'라는 말로 표현하기도 했습니다.

우리가 인생을 살면서 가장 중요한 것 중 하나가 스킨십입니다. 부부 사이에서도 가장 중요한 것이 사랑의 터치이고, 자녀를 양육할 때도 친밀한 스킨십이 중요합니다.

게리 채프먼이라는 기독교 상담가가 《5가지 사랑의 언어》라는 책을 썼는데, 이 책은 전 세계적으로 천만 부 이상 팔리는 베스트셀러가 되었습니다.

저자는 다섯 가지 사랑의 언어를 첫 번째는 인정하는 말, 두 번째는 함께하는 시간, 세 번째는 선물, 네 번째는 봉사, 다섯 번째는 스킨십으로 꼽았습니다. 이 다섯 가지 중에 가장 즉각적으로, 지금 당장 할 수 있는 것은 바로 스킨십입니다. 머리를 쓰다듬어주고, 서로 포옹을 하고, 악수를 하고, 손을 잡아주고, 등을 두들겨주는 것이지요.

그런데 팬데믹 상황은 이런 신체 접촉을 최소화시켰습니다. 사랑의 접촉이 절대적으로 필요한 사람들이 병원과 양로원에 있는데, 참으로 역설적이게도 그들을 향한 사랑의 접촉이 극단적으로 제한되는 상황을 겪어야 했습니다.

가정에서도 마찬가지였지요. 누구 한 명이라도 코로나19 바이러스에 감염되면 집안에서조차 철저히 분리되어야 했기에, 사랑의 스킨십이 가장 많이 이루어져야 할 부모 자녀 간에도 스킨십이 제한되었습니다.

철저히 고립당한 여인

누가복음 8장과 마가복음 5장에는 코로나 시대를 지나면서 우리가 겪어야 했던 아픔을 대변하는 듯한 한 여인이 등장합니다. 본문에서 예수님은 사람들에게 둘러싸여 있습니다. 예수님이 일으키시는 치유와 놀라운 기적에 대한 소문을 듣고 사람들이 몰려온 것입니다. 방금도 거라사 지역에서 귀신이 들려 괴로움을 당하며 마을에서 동물 취급 받던 사람을 치유하고 오시는 길이었습니다. 그 소식을 들은 수많은 사람이 예수님을 만나기 위해 길목마다 기다리고 서 있었습니다.

그때, 유대 회당 전체를 관할하는 비교적 높은 신분의 회당장 야이로라는 사람이 예수님 앞으로 나아와 그분의 발 앞에 무릎을 꿇었습니다. 야이로의 딸이 죽어가고 있었기 때문입니다. 사랑하는 딸의 죽음의 문턱에서 그 아버지는 자존심도 체면도 다 내려놓고, 수많은 사람이 지켜보는 가운데 예수님께 무릎을 꿇고는 자기 딸을 살려달라고 간절하게 청하고 있는 것입니다.

이런 와중에 이 여인이 등장했습니다. 성경은 이 여인을 '열두 해를 혈루증을 앓아온 여인'으로 소개합니다. 이 여인은 회당장 야이로처럼 예수님 앞에 전면적으로 나설 수 있는 인물이 아니었습니다.

회당장 야이로가 예수님의 발 앞에 무릎을 꿇었을 때, 그는 굉장히 절박한 상황이었습니다. 그래서 사회적 신분과 위치가 있음에도 불구하고 모든 체면을 내려놓고 나선 것입니다. 그러나 그와 대조적으로 이 여인 역시 절박한 심정을 가졌음에도 여인은 사람들 앞에 나설 수조차 없었습니다.

유대인들은 전통적으로 나병(한센병)과 아울러 혈루증(유출병)을 죄에 대한 하나님의 형벌로 생각했습니다. 그래서 일단 병이 생기면 사람들로부터 격리되었으며, 사회생활에서 차단당했고 종교적으로도 부정한 자로 취급되어 회당에서 예배조차 드릴 수 없었습니다(레 15:1-12, 25-33 참조). 우리로 치면 마치 바이러스에 감염된 사람 취급을 한 것이지요.

그 때문에 사람들은 이 병을 앓는 자들을 멸시하고 천대했습니다. 아픈 것도 서럽고 고통스러운데, 사회에서 고립되고 사람들로부터 외면까지 당했으니 그야말로 이중고통이었습니다. 아픈 사람들이 겪는 고통 중에 가장 견디기 어려운 것 중 하나가 사람들의 눈초리라고 합니다. 우리도 그런 상황을 겪어보지 않았습니까? 코로나19 바이러스가 유행하던 초기에는 코로나19에 걸리게 되면 아픈 것도 서러운데 사람들의 눈초리까지 따가웠습니다.

그 시절엔 더 심했겠지요. 율법에 따라 '부정하다'라는 판결을 받는 것은 사회적 사형 선고나 다름 없었는데, 사람들의 눈초리로 두 번 사형 선고를 받는 셈이었습니다. 어느 때보다 위로가 필요한 상황이지만 누구도 위로해주지 못했습니다. 위로는커녕 가까이 다가갈 수도 없는 존재가 되어버렸습니다. 사람들 앞에 나설 수 없었고, 자존심을 내려놓는 것조차 허락되지 않는 너무나 비참한 상황이었지요.

한 사람은 회당장으로 자신의 체면과 권력을 내려놓고 모든 사람 앞에서 무릎을 꿇고 있었고, 다른 한 여인은 사람들 앞에 나설 수 없고 예수님을 정면으로 볼 수도 없어서 아마 온 몸을 천으로 다 감싼 채로 두려워 떨며 서 있었을 것입니다.

극한의 절망에서 만난 소망

이 여인은 12년 동안 혈루증을 앓아왔습니다. 여러 의원에게 많은 괴로움을 받았다고 합니다. 용하다 하는 의사들은 다 찾아다녔지만 실망스러운 결과뿐이었습니다. 그렇게 그녀는 가지고 있던 재산을 다 허비한 채로 여전히 병을 앓고 있었습니다.

많은 약들이 효험이 없었고, 시간이 지날수록 병은 심해졌습니다. 병을 치료하기 위해 12년 동안이나 여러 의원을 찾아다녔다는 것으로 볼 때, 남편이 있었든지 아니면 부모가 경제적으로 뒷받침을 해주었을 것입니다. 이런 불치병만 아니면 훨씬 더 행복하게 잘살 수 있는 인생이었을 것입니다.

그러나 12년이 지난 지금도 너무나 절망적인 상태였습니다. 이제 모든 것을 포기한 채로 세상의 어떤 것도 자신을 도울 수 없다는 절망 가운데 있었습니다. 그리고 그런 바닥의 상태에서 여인은 예수님의 소문을 들었습니다.

하나님의 아들이라고 하는 예수님이 사람들의 육신의 병과 마음의 병을 고쳐주시고, 죄까지도 사해주신다고 합니다. 그녀는 더 이상 잃을 게 없는 사람이었습니다. 그녀는 어떻게든 그분에게로 가야 했습니다.

극한의 절망은 또 다른 소망을 바라볼 수 있는 마지막 용기를 주기도 합니다. 나의 마지막은 하나님의 시작입니다. 더 내려갈 곳이 없을 만큼 이미 바닥이었던 그 여인의 인생은 이제 다시 시작하고 있었습니다.

내가 손만 대어도 구원을 받으리라

인생이 바닥까지 내려가는 동안 사람은 자기 자신이 적나라하게 드러나는 경험을 하게 됩니다. 그때 자신의 문제가 무엇인지를 깨닫게 되지요. 그 여인도 12년 동안 고통을 당하면서 자신의 문제가 무엇인지, 그리고 자신에게 진정으로 필요한 것이 무엇인지를 정확히 알고 있었습니다.

자신의 문제점과 필요를 알고, 그 필요를 채워줄 수 있는 궁극적인 대상이 누구인지를 발견하는 사람은 행복한 인생입니다.

그 여인은 예수님을 만나러 가기로 작정했습니다. 성경은 이 여인의 마음의 상태를 이렇게 말합니다.

(그 여자는 "내가 그의 옷에 손을 대기만 하여도 나을 터인데!" 하고 생각하고 있었던 것이다.) 마가복음 5:28, 새번역

여인은 예수님과의 대화는 상상도 못했습니다. 회당장 야이로처럼 감히 예수님 앞으로 나아가 살려달라고 할 수는 없는 처지였습니다. 그래서 여인은 더욱 절박했습니다. 그녀는 무리 틈에 끼어들어 예수님의 뒤로 가서 그분의 옷에 손을 대었습니다. 예수님 앞에 차마 나설 수는 없었지만, 옷에라도 손을 대면 나을 수 있으리라 생각했기 때문이지요.

대단한 믿음입니다. 간절하다 못해 눈물겨운 사투입니다. 그만큼 낫고 싶었던 것입니다. 더 근원적으로는 사람 취급도 받지 못하는 인생에서 사람들 앞에 당당하게 설 수 있는 인생이 되기를 바랐을 것입니다.

놀라운 일이 벌어졌습니다. 그 여인이 예수님의 옷을 만진 즉시, 그녀는 자신의 질병이 치유되는 것을 강하게 느낀 것입니다.

> 그래서 곧 출혈의 근원이 마르니, 그 여자는 몸이 나은 것을 느꼈다. 마가복음 5:29, 새번역

그때 예수님이 이렇게 물으십니다.
"누가 내 옷에 손을 대었느냐?"
예수님의 질문에 제자들이 되묻습니다.
"지금 사람들이 이렇게 많고 다들 예수님을 둘러싸서 밀치는 것을 보시면서 누가 손을 대었냐고 물으시는 건가요?"
제자들의 말처럼, 그날 수많은 사람이 예수님을 보러 몰려들었고, 예수님을 만져보겠다고 밀치는 사람도 한두 명이 아니었을 것입니다.
그러나 질병이 치유된 사람은 한 사람뿐이었습니다. 그 시간, 그 장소에서 가장 간절한 마음을 가졌던 사람, 바로 12년을 혈루증으로 고통받았던 그 여인이었습니다.
왜 그랬을까요? 그녀가 아팠기 때문입니다. 그녀의 마음 깊이 새겨진 간절함 때문입니다. 이것이 마지막이라는 절박한 심정으로 나아갔기 때문입니다. 그래서 동시간에 예수님을 만져

보려고 많은 사람이 노력했지만, 예수님의 능력이 나간 것은 이 여인 한 사람뿐이었습니다.

딸아, 평안히 가라

예수님은 그 여인을 찾으셨습니다. 여인은 예수께서 자신을 찾으시자 두려운 마음으로 주님 앞에 나와 엎드려 자초지종을 알렸습니다. 사실 예수님이 모르실 리 없지요. 그러나 이 여인과 나눈 예수님의 대화는 예수님을 밀쳤던 다른 수많은 사람의 유익을 위한 대화였습니다.

예수님은 그 여인을 꾸짖지 아니하시고, 그녀를 지켜보고 있는 다른 이들, 혹은 혈루증을 앓고 있음에도 불구하고 자신들 속에 섞여 있던 그 여인을 정죄하던 사람들 앞에서 이렇게 말씀하십니다.

"딸아, 네 믿음이 너를 구원하였다. 안심하고 가거라. 그리고 이 병에서 벗어나서 건강하여라." 마가복음 5:34, 새번역

두려워하고 있는 사람은 주님의 '안심하라, 두려워하지 말라'라는 말씀에 은혜를 받습니다. 평생 불안해하며 평안을 누

리지 못했던 이 여인에게 예수님은 "안심하고 가거라"라고 말씀하십니다. 이미 평안도 있고, 건강도 있고, 재산도 있고, 자녀들도 다 잘 자라고 있어서 불안할 것이 없는 사람에게는 "안심하고 가거라"라는 말씀이 인사말 정도로 들렸을 것입니다. 그러나 두려움에 떨던 이 여인에게는 너무나도 기쁘고 감격스러운 선언이었습니다.

평안을 누리지 못했던 이 여인은 '마지막 기회'라는 절박한 심정으로 그분의 옷에 손만 대어도 나을 것이라는 믿음을 갖고 그분의 옷에 손을 대었습니다. 그리고 그 믿음대로 진짜 자신의 병이 낫자 그녀 스스로 더 놀라고 더 두려워졌을 것입니다. 자신은 예수님 앞에 나타날 수 없는 불결한 죄인이었고, 또 예수님의 허락도 받지 않은 채 그분의 옷에 손을 댔으니, 자신의 병이 나았다는 사실에 기쁨을 느끼기도 전에 두려움이 먼저 그녀를 사로잡았을 것입니다.

그러나 예수님은 그녀를 꾸짖지 않으시고 오히려 수많은 사람들 앞에서 그녀를 높여주셨습니다. 그리고 구원을 선포해주십니다.

"딸아, 네 믿음이 너를 구원하였다. 안심하고 가거라"

그녀에게 이 평안, 곧 예수님의 샬롬이 가장 필요했던 순간이었습니다.

예수님과의 진정한 접촉

4세기의 교부인 나지안주스의 그레고리우스는 이렇게 말했습니다.

"그분과 접촉하지 않은 사람은 치유되지 않는다. 그분의 신성에 연합한 사람이어야 구원을 받는다."

우리는 살면서 세상의 많은 것들과 접촉하며 살아갑니다. 그러나 나를 새롭게 하고, 나를 평안하게 하며, 나를 인정해주는 접촉은 극히 드물지요. 그래서 현대인은 저마다 외롭다고 호소합니다.

심지어 교회를 다니면서도 예수님과 한 번도 접촉하지 못한 채 종교적인 신앙생활만 하는 경우도 있습니다. 그렇게 되면 예수님과 접촉하여 그분의 신성에 연합하는 기쁨과 그 능력을 알지 못합니다. 그분의 신성에 연합한 사람만이 주님의 능력을 경험할 수 있고 구원받을 수 있습니다.

누가복음 6장 19절은 이렇게 말합니다.

온 무리가 예수에게 손이라도 대보려고 애를 썼다. 예수에게서 능력이 나와서 그들을 모두 낫게 하였기 때문이다.

누가복음 6:19, 새번역

환경이 중요한 것이 아닙니다. 이런 간절함을 가지고 예수님께로 나아가는 것, 이것이 중요합니다.

예수님의 만져주심

예수님은 이 여인을 치료하신 후에, 이미 죽음 가운데 있던 회당장 야이로의 딸을 찾아가서서 그녀를 만져주시고 손을 잡아 일으키셨습니다. 주님은 주님의 거룩한 손으로 이미 죽은 시신을 만지셨습니다. 접촉입니다.

한 여인은 사람들 앞에 도저히 나설 수 없었지만 간절함으로 예수님의 옷자락을 살짝 만졌고, 또 한 사람은 이미 죽은 시신으로 움직일 수 없어 예수님께 나아가지 못했지만, 그 아버지의 간절함으로 인해 예수님이 만져주셨습니다. 우리에게는 그 '간절함'이 있어야 합니다.

예수님은 아무도 다가가지 않았던 사람들, 차마 예수님 앞에 나아오지 못했던 사람들을 만져주셨습니다. 모두가 부정하다며 가까이하기를 꺼렸던 나병(한센병) 환자, 혈루증 환자, 귀신 들린 사람들에게 다가가셨습니다.

가장 거룩하신 분께서 가장 낮은 곳으로 가는 것이 '거룩'임을 보여주셨고, 그분은 그들을 위해 사역하셨으며, 우연이 아니라 계획대로 그들을 위해 십자가에서 돌아가셨습니다. 예수님은 하나님의 아들이십니다. 그 아들께서 우리의 모든 죄와 허물을 대신 담당하시기 위해 십자가에서 고난을 당하시고 죽으셨습니다. 죄로 물든 이 땅에 그분의 피를 뿌려주셨습니다. 그리고 그 죽음이 헛되지 않다는 것을 보여주시기 위해 무덤에서 부활하셨습니다.

우리 모두에게 사랑의 접촉이 필요하다

모든 사람에게는 스킨십, 즉 사랑의 접촉이 중요합니다. 그래서 저는 가능하면 자녀들과 아내를 하루에 다섯 번 이상 안아주려고 노력합니다. 그래도 부족한 것 같습니다. 저를 포함한 모든 사람에게 손을 맞잡아주고, 등을 두들겨주고, 머리를 쓰다듬어주며 힘내라고 응원해주는 보디랭귀지가 필요합니다.

접촉할 때 능력이 나타남을, 바로 우리 주님이신 예수 그리스도께서 이 땅에 오셔서 보여주셨습니다. 예수님은 아무도 만지려 하지 않고 가까이 하려 하지 않았던 자들을 찾아가셔서 그들에게 손을 내미시고 어루만져주시며 치료해주셨습니다. 그리고 그 모습이 하나님이 원하시는 모습이란 것을 직접 보여주셨습니다.

누군가와 접촉을 하고, 포옹을 하고, 악수를 하고, 머리를 쓰다듬어주고, 인정해주는 말을 전하고 듣는 것은 우리 모두에게 필요합니다. 그런데 주변을 아무리 둘러보아도 그럴 사람이 없는 사람도 있습니다. 또 역설적으로 아무리 많은 사람에게 둘러싸여 있어도 진정한 사랑의 접촉이 없는 경우도 많습니다.

"누가 내 몸에 손을 대었느냐? 내 몸에 손을 댄 자가 누구냐?"

이 물음은 예수님의 부르심이 아닐까요? 우리도 간절함으로 예수님 옷에 손을 대었던 그 여인처럼 예수님께로 나아가봅시다. 예수님께서 그 거룩한 손으로 우리의 손을 붙잡아주시고 사랑의 터치를 해주실 것입니다.

간절함과 절박함으로 주님께 나아갔던 여인을 꾸짖지 않으시고 "누가 내 몸에 손을 대었느냐? 누가 간절함과 절박함을 가지고 내게 나아왔느냐? 네 믿음이 너를 구원하였다. 안심하고 평안히 가라"라고 하신 주님의 이 말씀이야말로, 절박함과 간절함으로 누군가와의 접촉을 바라는 이 시대 현대인들에게 필요한 말씀입니다. 또한 오늘 우리에게 동일하게 주시는 주님의 음성인 줄 믿습니다.

언젠가 주일 마지막 예배 후에 청년 몇 명이 서성이며 멀리서 저를 바라보고 있는 모습이 보였습니다.

"목사님한테 가봐, 안아달라고 해봐!"

이런 실랑이하는 소리와 함께 한 친구의 등을 떠밀고 있었습니다. 그 모습을 보고는 제가 먼저 다가가 그 청년을 꼭 안아주었습니다. 그러자 다른 청년들도 와서 서로 저에게 안기기 시작했습니다. 청년들에게도 사랑의 터치가 필요했던 것입니다.

우리 주님이 그렇게 우리를 만져주십니다. 주님의 그 만지심과 평안의 선포가 지금 우리 심령 가운데 가득하기를 바랍니다.

요한복음 8:1-11　1 예수는 감람 산으로 가시니라 … 3 서기관들과 바리새인들이 음행 중에 잡힌 여자를 끌고 와서 가운데 세우고 4 예수께 말하되 선생이여 이 여자가 간음하다가 현장에서 잡혔나이다 5 모세는 율법에 이러한 여자를 돌로 치라 명하였거니와 선생은 어떻게 말하겠나이까 6 그들이 이렇게 말함은 고발할 조건을 얻고자 하여 예수를 시험함이러라 예수께서 몸을 굽히사 손가락으로 땅에 쓰시니 7 그들이 묻기를 마지 아니하는지라 이에 일어나 이르시되 너희 중에 죄 없는 자가 먼저 돌로 치라 하시고 … 10 예수께서 일어나사 여자 외에 아무도 없는 것을 보시고 이르시되 여자여 너를 고발하던 그들이 어디 있느냐 너를 정죄한 자가 없느냐 11 대답하되 주여 없나이다 예수께서 이르시되 나도 너를 정죄하지 아니하노니 가서 다시는 죄를 범하지 말라 하시니라

JESUS START

CHAPTER 04

죄 없는 자가
누구인가요

"내가 살고 있는 이 시대는 어떤 시대인가? 이 시대의 문화는 어떤 문화인가?"

우리가 사는 현대사회를 진단하는 일은 중요합니다. 우리는 시대의 흐름과 사회 안에서 살아가는 존재이기 때문입니다.

많은 사람들이 현대사회를 "도덕적인 죄의 개념이 점점 희미해지는 사회"라고 진단합니다. 전통적으로 죄라고 생각했던 많은 것들이 이제는 더 이상 죄가 아니게 된 시대입니다. 오히려 '그것을 죄라고 지적하는 것 자체가 잘못이고 죄'라고 하는 역전 현상이 벌어지기도 합니다.

죄에 대한 이중 잣대를 가진 사회

선과 악의 개념으로 세상을 바라보던 사고에서 벗어나 점점 회색지대 사고로 가고 있는 것이 우리가 살고 있는 포스트 모던 시대입니다. 도덕의 기준을 희미하게 만들면서, 쾌락과 즐거움을 극대화시키는 것입니다. 여기에 많은 시간과 물질과 에너지를 쏟아붓고 있지요.

그래서 사람들은 정말 행복해졌을까요? 우리는 더 나은 삶을 살게 되었나요? 그렇지 않습니다. 대한민국의 행복지수는 OECD 국가 중 최하위권에 속합니다.

도덕의 기준이 희미해지면 어떤 현상이 일어날까요? 죄를 지어도 마음의 감각이 무뎌지고, 양심의 가책이 사라집니다. 매스컴을 통해서 '어떻게 저런 죄를 짓고도 저렇게 뻔뻔할 수 있지?'라며 혀를 끌끌 찰 만한 장면을 점점 더 많이 목격하고 있습니다.

도덕의 기준이 흔들리고 회색지대가 늘어나며 쾌락을 추구하는 게 당연시되면서, 범죄는 점점 더 늘어나고 돈 있고 힘 있는 사람들은 그 힘을 이용해 법망을 빠져나가 더 많은 죄를 짓습니다. 우리는 현대사회에 쾌락이 늘어남과 동시에 죄가 만연해진 것을 보고 있습니다. 그리고 이같은 상황은 국가나 이념으로 통제가 안 되고 있습니다.

그러면서 나타나는 현대인들의 이중적인 잣대는 이렇습니다. 나에게 죄에 대한 정죄를 적용하기는 원치 않고 다른 사람을 향한 정죄는 더욱 날카로워지는 것입니다.

남의 잘못에는 '죄'라는 꼬리표를 붙이기 원하면서도 자신의 잘못에 대해서는 '죄'라는 말을 못 견디는 이중적인 태도를 보입니다. 다른 사람의 작은 잘못에 대해서는 '정의로운 사회'를 외치며 물어뜯듯이 정죄하지만, 그 정의의 잣대가 나를 향하면 은혜를 갈구합니다.

너나 할 것 없이 쾌락을 추구하고 자기 이익을 극대화하려고 애쓰면서 여유는 사라지고 분노만 쌓여 갑니다. 그러다 보니 서로를 희생양 삼으려고 서로 정죄하느라 사나워지는 모습을 보입니다. 한마디로 '정죄 사회'입니다. 물론 정죄의 대상에 '나'는 빼고 말입니다.

율법 사회

성경을 보면, '정죄 사회'와 비슷한 '율법 사회'가 등장하는 것을 볼 수 있습니다. 예수님이 이 땅에 오셨을 때의 유대 사회는 율법주의로 모든 사회 시스템이 가동되고 있었습니다. 종교, 정치, 문화 등 사회의 모든 것이 율법으로 움직였지요. 율법에 따라 나병(한센병) 환자는 죄인으로 취급되었고, 혈루병을 앓고 있는 여인은 부정한 여인으로 인식되었습니다. 이는 당시 통상적인 개념이었습니다.

그러나 예수님은 이런 세상의 법칙과 반대로 특별히 소외되고 상처받고 병든 사람을 찾아가셨습니다. 그리고 그들을 치유하시고 위로하시는 사역을 감당하셨습니다. 동시에 그들의 본질적인 고통의 문제, 즉 뿌리 깊은 죄의 문제까지도 다루셨습니다.

유대 지도자들이 볼 때, 이것은 유대 사회의 근간을 이루는 율법 사회의 모든 것을 다 뒤집어엎는 일이었습니다.

예수님은 본문의 사건이 있기 전날, 많은 무리에게 말씀을 전하셨습니다. 그리고 그 사람들은 각각 집으로 돌아갔지요. 예수님 역시 육체적으로 피곤하셨음에도 불구하고 밤새도록 감람산에서 기도하신 후에 다시 아침 일찍 예루살렘 성전에서 말씀을 가르치고 계셨습니다.

그런데 느닷없이 유대의 종교 지도자들이 간음하다가 현장에서 붙잡힌 여인을 예수님께로 데리고 왔습니다.

예수님을 함정에 빠뜨리려 한 종교 지도자들

사실 예수님은 유대 종교 지도자들에게 눈엣가시 같은 존재였습니다. 게다가 그들은 예수님이 유대 율법 사회의 근간을 뒤흔들고 있다고 여겼기 때문에 이미 예수님을 죽이기로 작정하고 있었습니다. 더욱이 자신들의 가르침과 반대되는 일을 하는 예수님의 인기가 날로 하늘을 찌를 듯했기에 그들의 심기는 더욱 불편했습니다.

그래서 어떻게 나사렛 촌놈 예수란 자를 제거할 수 있을지 궁리하던 차에 마침 간음하던 여인이 현장에서 발각되는 사건이 벌어진 것입니다. 종교 지도자들은 예수님을 올무에 빠뜨리려는 심산으로 그 여인을 예수님 앞으로 끌고 왔습니다.

성경은 이를 예수님을 고소하여 제거하기 위한 종교 지도자들의 계략이라고 설명합니다. 아마도 이들은 그 여인의 간음을 미리 알고 시간에 맞춰 현장을 덮쳤고, 예수님이 사람들에게 말씀을 가르치시는 시간에 맞추어 그 여인을 데려왔을 것입니다.

하루 종일 사람들의 필요를 채워주시면서 쉬지도 않고 밤새도록 기도하신 예수님과 온갖 궁리로 오직 예수님을 처벌하려는 데만 혈안이 되어 있던 유대 종교 지도자들의 삶이 너무나 극명하게 대조되는 장면이지요.

신명기 22장을 보면, 간음죄에 대해 돌로 쳐 죽이는 것을 형벌로 명시하고 있습니다. 종교 지도자들은 이스라엘의 율법, 즉 모세의 율법에 따라 간음한 여인을 돌로 쳐 죽여야 한다고 했습니다. 그들은 그 여인을 두고 예수님께 이렇게 질문합니다.

모세는 율법에, 이런 여자들을 돌로 쳐죽이라고 우리에게 명령하였습니다. 그런데 선생님은 뭐라고 하시겠습니까?

요한복음 8:5, 새번역

지금 예수님은 두 가지 함정에 직면해 있는 상황입니다. 만약 예수님이 모세의 율법을 옹호하여 그 여인을 돌로 치라고 하신다면, 지금까지 사랑과 용서를 가르쳐오신 예수님의 가르침과 위배된다는 지적을 피할 수 없게 되고, 또 재판을 거치지 않기 때문에 로마의 법에도 어긋나게 됩니다.

반대로 예수님이 모세의 율법을 무시하고 용서해주어야 한다고 했다면, 당시 모세의 율법을 철저히 따르던 이스라엘 군중으로부터 외면을 당하게 될 것이었습니다. 유대인들에게 모세는 하나님 다음으로 위대한 존재였고, 모세의 율법은 가히 절대적이었기 때문입니다.

유대 종교 지도자들은 바로 이런 상황을 노린 것입니다.

그들이 이렇게 말한 것은, 예수를 시험하여 고발할 구실을 찾으려는 속셈이었다. 그러나 예수께서는 몸을 굽혀서, 손가락으로 땅에 무엇인가를 쓰셨다. 요한복음 8:6, 새번역

죄 없는 자가 먼저 돌로 치라

유대 종교 지도자들은 사실 이 여인의 목숨에는 전혀 관심이 없었습니다. 오로지 예수님을 잡기 위한 미끼로 던져놓았을 뿐이었지요. 이런 태도는 인간의 생명을 경히 여기는 것으로, 또 다른 큰 죄라고 할 수 있습니다. 왜냐하면 하나님이 이스라엘 백성에게 율법을 주신 이유는, 세상의 죄 가운데 있던 자들이 하나님의 백성이 되어 하나님의 백성답게 살게 하는 데 있기 때문입니다. 율법의 본래 정신은 사람들이 죄를 짓는 것을 막기 위함에 있지, 사람에게 형벌을 가하는 데 있는 게 아닙니다.

그런데 그때 예수님은 아무 말 없이 몸을 굽히시고 손가락으로 땅에 무언가를 쓰셨습니다. 예수님의 답을 기다리던 종교 지도자들과 돌을 들고 서 있던 군중들에게 아무런 말씀도 하시지 않고 말입니다.

예수님을 옭아매려는 종교 지도자들도, 돌을 들고 그 여인에게 던질 준비를 하고 있던 군중도 예수님이 아무런 대답을 하지 않는 것을 보고 더 큰소리를 쳤을 것입니다. 한 사람을 정죄하며 소리 지르는 군중은 성난 야수와 같았을 것입니다. 이성을 잃은 채 너나 할 것 없이 "저 여인을 죽여라"라고 외쳤겠지요. 사람들이 악에 바쳐 있는, 참으로 참혹한 상황입니다.

드디어 모든 혼돈과 소음을 깨고 예수님이 일어나셨습니다. 그리고 한마디를 던지셨습니다.

"너희 가운데서 죄가 없는 사람이 먼저 이 여자에게 돌을 던져라."

요한복음 8:7, 새번역

돌로 치는 것을 허락하셨습니다. 그런데 조건이 있었습니다. 누구든 '죄 없는 사람이' 먼저 돌로 치라는 것입니다.

예수님이 이전에 가르치신 말씀 중에 이런 말씀이 있습니다.

'간음하지 말아라' 하고 말한 것을, 너희는 들었다. 그러나 나는 너희에게 말한다. 여자를 보고 음욕을 품는 사람은 이미 마음으로 그 여자를 범하였다. 마태복음 5:27,28, 새번역

율법으로 사람의 겉모습을 판단할 수 있을지는 몰라도 속마음까지는 판단할 수 없습니다. 율법으로 사람을 변화시킬 수는 없는 것이지요.

그런데 예수님은 겉으로 나타나는 행동뿐만 아니라 마음속으로 짓는 온갖 나쁜 생각에 대해서도 똑같이 죄라고 말씀하십니다. 구약의 율법보다 사실은 더 높은 기준의 율법을 제시하신 것입니다. 내가 지은 죄를 들켰느냐 안 들켰느냐만 다를

뿐, 예수님은 우리 마음속의 모든 것을 훤히 들여다보십니다.

예수님은 늘 정확하게 사람들의 궁극적인 문제가 무엇인지를 파악하셨습니다. 그분은 스스로를 의롭게 여기며 간음한 여인을 정죄하고 돌을 던져 죽이려 하는 사람들에게, 실은 모든 사람이 죄인이라는 사실을 알게 하신 것입니다.

개인적으로 예수님을 믿은 후에 이 말씀이 저에게는 충격적인 복음으로 다가왔습니다. 사람은 다 열등감과 교만이 상황에 따라 교차합니다. 그런데 '모든 사람이 죄인'이라는 이 말씀이 제게는 이렇게 들려왔습니다(롬 3:23).

'비교할 필요가 없구나. 사람은 다 신이란 존재 앞에서 동일하게 부족한 인생일 수밖에 없구나.'

양심의 가책을 일으킨 침묵의 가르침

예수님은 그렇게 말씀하신 후에 다시 허리를 굽히시고 땅에 무언가를 쓰셨습니다. 이것은 성경에서 너무나 의미심장하면서도 유명한 장면입니다. 아마도 이 장면을 영화로 찍는다면, 이처럼 대사가 없음에도 불구하고 우리에게 묵직하게 다가오는 장면은 없을 것입니다.

저 힘 없는 여인을 죽이라고 성난 야수처럼 외치는 군중의 소리를 잠재우시면서 다시 허리를 굽히고 무언가를 쓰시는 예수님의 모습. 땅에 무엇을 쓰셨는지는 성경에 나와 있지 않습니다. 그러나 우리는 그것이 무엇이었는지 짐작해볼 수 있습니다. 아마 돌로 치려고 모여든 모든 이들 한 사람 한 사람의 죄에 대해 쓰고 계셨을 것입니다.

예수님이 바닥에 그 죄들을 쓰고 계시는 동안 사람들은 생각하기 시작했습니다. 그리고 서서히 양심의 가책을 느끼기 시작했습니다. 그 여인에게 돌을 던지기 위해 모여든 사람들은 대부분 남자들이었습니다. 당시에는 남자들만 그런 율법을 행사할 수 있었습니다. 그들은 아마 부정한 여인에게 화가 난 사람들일 것입니다. 그들 중에는 그 여인의 가족도 있었을 것이고, 그 여인에게 배신감을 느낀 동네 사람도 있었을 것입니다.

그런데 뭔가 불공평하지 않습니까? 간음을 했다면 남자와 여자, 두 명의 죄인이 있어야 하는데, 여자만 끌려왔습니다. 유대 지도자들이 빼돌렸는지도 모르겠습니다.

사실 거기 모인 남자들 중에 예수님의 말씀에서 자유한 사람은 단 한 사람도 없었습니다.

그들은 "죄가 없는 사람이 먼저 이 여자에게 돌을 던져라"라는 권위 있는 말씀에 양심의 가책을 느끼기 시작했습니다. 양심은 하나님께서 죄를 일삼는 인간에게 주신 하나의 정화 수

단입니다. 그렇기 때문에 양심이 고장 나면 사람은 정말 무서운 일도 눈 하나 깜짝하지 않고 행하게 되지요. 예수님의 말씀이 강하게 그들의 마음을 두드리고 있었습니다. 그들은 자신들의 삶 속에 있는 죄의 문제를 들여다보기 시작했습니다.

그리고 아무도 예상하지 못한 놀라운 사건이 일어났습니다. 말씀의 권위로 양심의 가책을 느낀 사람들이 행동으로 반응하기 시작한 것입니다. 나이든 사람들이 먼저 그 자리를 떠났습니다. 쌓인 세월만큼 그들의 삶에 쌓인 죄도 더 많았을 것입니다. 그리고 젊은이들도 하나둘 자리를 떠났습니다. 결국 그 자리엔 간음하다 붙잡혀 온 여인과 예수님, 두 사람만 남게 되었습니다.

죄를 용서하실 수 있는 단 한 분

본문의 사건은 걷지 못하던 자가 걷고, 못 보던 자가 눈을 뜨며, 나병(한센병) 환자가, 38년 된 환자가, 열두 해를 혈루증을 앓던 여인이 나음을 입는 만큼의 엄청난 기적은 아닙니다. 그러나 그런 기적 이상의 정말 놀라운 사건입니다.

어떻게 사람을 죽이려고 날뛰던 야수 같은 자들이 예수님의 한 마디에 그 자리를 다 떠나갈 수 있었을까요? 세상에서 가

장 어려운 일이 사람의 마음을 얻고 그 마음을 변화시키는 일
인데 말입니다.

간음한 여인을 죽이라며 저주하고 돌을 던지려던 군중이 전
부 떠난 뒤 한동안 침묵만 흘렀습니다. 예수님이 여인을 향해
말씀하셨습니다.

> 예수께서 몸을 일으키시고, 여자에게 말씀하셨다. "여자여, 사람
> 들은 어디에 있느냐? 너를 정죄한 사람이 한 사람도 없느냐?"
>
> 요한복음 8:10, 새번역

여기서 '여자여'라는 표현은 가나안 혼인 잔치 때 예수님이
그분의 육신의 어머니인 마리아를 부르셨던 표현으로, 그 당시
여자에 대한 극존칭 표현입니다. 영어로 예를 들자면, '마담,
미스, 미세스' 같은 단어입니다. 예수님은 간음하다 붙잡힌 여
인를 향해 아무도 사용하지 않는 존칭어를 사용하며 말씀하
십니다.

"여자여, 사람들은 어디에 있느냐?"

그 여인은 사람들 앞에서 고개를 들 수 없었습니다. 그런 여
인에게 예수님은 고개를 들어 보게 하시는 것입니다.

사람을 치유하실 때 예수님은, 현실을 회피하거나 도망하게
하지 않으시고 직시하게 하십니다. 그리고 그 현실을 능가할

힘과 용기를 주십니다. 비록 그 현실이 사라지지 않더라도, 고통의 상황이 없어지지 않더라도 그것을 직시하고 이길 힘을 주시는 것입니다.

주님의 물음에 여자가 바라보고 대답합니다.

"주님, 한 사람도 없습니다."

여자는 자신에게 질문하는 사람이 누구인지를 알아가고 있습니다. 지금 이 여인은 자기 모습을 아무에게도 보여주고 싶지 않을 만큼 수치스러운 상태였을 것입니다. 차마 얼굴을 들 수 없는 간음죄로 잡혀 와서 자존심은 이미 무너졌고, 옷은 여기저기 찢겼으며, 몸에는 상처 자국에 멍 자국도 있었을 것입니다. 머리도 다 흐트러져서 정신 나간 사람 같았을 겁니다. 만약 우리가 죄를 짓고 사탄에게 끌려가 정죄를 받는다면 이런 모습이지 않을까요.

그런데 그렇게 죽음의 문턱까지 간 이 여인에게 예수님은 다시 한번 침묵을 깨고 놀라운 말씀을 선포하십니다.

… 예수께서 말씀하셨다. "나도 너를 정죄하지 않는다. 가서, 이제부터 다시는 죄를 짓지 말아라." 요한복음 8:11, 새번역

놀라운 능력의 말씀이요, 치유의 말씀입니다. 아무도 감히 할 수 없는 말입니다.

심판이 아닌 구원을 위해 오신 예수님

"나도 너를 정죄하지 않는다"란 말씀은 하나님의 아들이신 예수님이 이 땅에 오신 목적을 한마디로 표현합니다.

하나님께서 아들을 세상에 보내신 것은, 세상을 심판하시려는 것이 아니라, 아들을 통하여 세상을 구원하시려는 것이다.

요한복음 3:17, 새번역

하나님은 세상을 창조하신 분입니다. 인생을 판단하시는 분입니다. 심판의 권한이 있는 분이시지요. 창조하셨기에 판단하실 수 있으십니다. 그렇기에 결국 하나님은 종국에 인류를 심판하실 것입니다. 다만 유보하고 계실 뿐입니다.

그러나 이 세상을 심판하는 것이 하나님의 첫째 목적은 아닙니다. 오히려 하나님이 예수 그리스도를 이 땅에 보내신 이유 가운데 나타난 것처럼, 하나님은 이 세상을 구원하길 원하십니다. 그래서 기다리고 계신 것입니다. 우리의 호흡이 떠나기 전까지 기회를 주시는 것이며, 인류의 종말이 오기까지 심판을 유보하고 계신 것입니다. 인류를 심판하시는 하나님이지만, 심판이 도래하기 전에 구원하시려는 데 그분의 목적이 있으시기 때문입니다.

인생이 바뀌는 순간

여인은 짧은 시간에 고통스럽게 자신에게 벌어진 일들을 돌아보았을 것입니다. 간음하다 잡혀 오던 순간, 사람들이 돌로 치라고 외치던 순간, 예수님이 땅에 무언가를 쓰시던 순간, 그리고 용서와 치유의 말씀을 하시는 순간. 여인은 그 짧은 시간 동안 많은 생각을 했을 것입니다. 여인의 삶이 완전히 뒤바뀌는 순간이었을 테지요.

우리는 인생을 살다가, 어느 순간 우리가 살아온 인생에 대해 깊이 묵상하는 시간을 맞닥뜨리곤 하는데, 그 짧은 시간에 지금껏 발견하지 못했던 것들을 발견하곤 합니다.

현대인들은 기본적으로 세상에 관심이 많습니다. 핸드폰을 가지고 다니면서 하루에도 몇 번씩 기사를 검색하고 소셜 네트워크에서 다른 사람의 모습을 들여다봅니다. 쾌락을 추구하고 즐거움을 극대화하려는 욕구가 강한 만큼, 다른 사람들은 어떻게 지내는지, 나보다 더 즐겁게 사는 것은 아닌지에 관심이 쏠리는 것 같습니다.

그런데 문제는 무엇입니까? 다른 사람의 삶은 눈을 부릅뜨고 탐색하면서, 정작 자신의 삶에 대해 묵상하고 비추어보고 되새겨보는 시간은 극히 적다는 것입니다. 그런 세대가 오늘날 현대사회를 살아가는 세대입니다.

많은 지식을 가졌고 소유한 것도 많지만, 가장 외롭고 우울한 세대가 현대를 살아가는 사람들이라고 기독교 안팎의 전문가들이 분석하고 있습니다.

지금 세대는, 내 삶의 쾌락은 극대화하려고 하지만, 정작 내 삶의 깊숙한 내면에 대해서는 생각하려 하지 않는 세대, 그러면서도 온갖 정보가 넘쳐서 내가 가진 기준과 정보로 세상을 판단하려는 세대이기 때문에 괴로워합니다. 내가 하나님이 아닌데 어떻게 다 분별하고 판단하겠습니까? 판단할 수 없는데 판단하려 하니 괴로울 수밖에요.

간음한 여인과 그 여인을 정죄하려고 몰려든 사람들 사이에서 주님이 하신 말씀은 현대를 살아가는 우리 모두에게도 적용되는 말씀입니다. 자신의 삶을 깊이 묵상하기를 싫어하는 우리가 언제 자신의 삶을 가장 깊이 들여다볼까요? 고난의 순간, 위기의 순간입니다. 의사에게 건강에 이상이 있다는 진단을 받을 때, 자녀에게 문제가 있다는 소리를 들을 때, 직장에서 사직을 권고받았을 때 등 그 짧막한 위기의 순간에 우리는 인생을 돌아봅니다.

'나는 어떤 존재이지? 나는 어디를 향해서 가고 있지?'

솔직히 위기가 아니면 자신의 인생을 잘 돌아보지도 않고 인생을 즐기는 것을 향해 불나방처럼 쫓아가는 게 우리의 실정입니다.

수치의 눈물이 감사의 눈물이 되다

간음죄를 범한 죄인으로 사람들 앞에 끌려왔을 때, 그 여인은 분명 눈물을 흘렸을 것입니다. 한의 눈물, 분노의 눈물, 수치의 눈물, 두려움의 눈물, 슬픔의 눈물…. 그 눈물이 예수님의 말씀과 함께 다른 눈물로 바뀌기 시작했습니다. 그것은 회개의 눈물, 뉘우침의 눈물, 감사의 눈물이었습니다.

여인은 가장 수치스러운 상황을 맞이했지만, 그 어떤 순간보다 자기 인생을 정말 깊숙이 생각해볼 수밖에 없는 현실을 맞이했습니다.

'내가 왜 이 지경이 되었지? 어쩌다가 이 순간까지 왔지?'

간음죄의 경우 혼자 짓는 죄가 아니라 관계성이 동반됩니다. 나의 인격을 파괴하고, 상대방의 인격도 파괴하며, 나의 배우자와 상대방 배우자의 인격도 파괴하지요. 혼자서 죄의 결과를 감당하고 끝나는 게 아니란 말입니다.

여인은 지금 자신이 지은 죄 때문에 그 죄의 무게를 다 겪으며 처참한 죽음을 맞이하게 되었습니다. 얼마나 비참한 인생인가요? 얼마나 후회스러운 인생입니까?

이런 상황까지 갔다면, 가장 큰 문제는 자기 자신도 스스로를 용서하기 힘들단 것입니다. 살려달라고 삶을 구걸하지도 못하겠지요. 많은 사람의 죄와 상처의 문제는 자기 스스로를 용서하지 않기 때문에 지속됩니다.

자존감이 낮을수록 자신의 실수와 죄에 대해서 끊임없이 괴로워하고 자책합니다. 그래서 그 죄의 노예가 되어 살아가게 되지요. 그 죄를 싫어하면서도 또다시 같은 죄를 짓고, 용서받았으면서도 계속 자신을 용납하지 못하는 어두움에 거하게 되는 것입니다.

그래서 예수님은 가장 강력한 말씀으로 용서하시며 위로하십니다.

"사람들은 어디 있느냐? 너를 정죄한 사람이 한 사람도 없느냐? … 나도 너를 정죄하지 않는다."

이 말씀은 우리 인생의 주전(B.C.)과 주후(A.D.)를 가르는 말씀입니다.

오해하지는 말아야 합니다. 예수님은 결코 단 한 번도 죄를 가볍게 여기시지 않았습니다. "다시는 죄를 범하지 말라"라는 말씀으로 예수님은 분명하게 죄를 지적하셨습니다. 이미 언급했듯이, 간음죄는 무서운 죄입니다. 그럼에도 예수님은 그 여인의 죄를 용서해주셨습니다. 이것이 예수님을 만날 때 주어지는 회복의 역사입니다. 거룩과 은혜가 공존하며, 그 모든 것으로 우리의 삶을 살리시는 애틋한 하나님의 모습을 볼 수 있는 장면입니다.

때로 사람들은 하나님을 마치 죄를 싫어하는 무지막지한

분, 피도 눈물도 없는 폭군으로 몰아붙입니다. 그러나 본문의 사건을 통해 사람이 죄를 다루는 모습과 하나님이 죄를 다루시는 모습을 비교해보세요. 사람이 죄를 다루는 모습에는 용서나 은혜가 없습니다. 그저 율법의 잣대를 들이댈 뿐입니다. 아니면 무력으로 합니다. 그것이 율법의 한계이고, 인간 사회의 법과 사상이 보여주는 무자비함입니다. 또한 그것이 군중의 심리이기도 합니다.

그러나 하나님은 죄를 싫어하시고 심판하시지만, 그 죄를 은혜로 다루십니다. 용서하시고 다시 한번 기회를 베푸십니다. 하나님의 그 은혜를 경험하면 우리는 그 은혜를 따라 사람을 대하게 되어 있습니다.

내가 받을 모욕과 멸시를 대신 받아주셨다

당신은 그 군중 속에 있어본 적이 없나요? 나도 비슷한 죄를 지으면서 오히려 그것을 정당화하려고 더 소리를 지르고 돌을 던지는 그 군중 속에 포함되어 있던 적은 없었나요? 이 사실을 기억하십시오. 우리가 바로 간음한 여인에게 돌을 던지려 했던 군중의 한 사람이라는 사실을 말입니다.

그리고 또 하나의 반전은, 사실 우리가 간음하다 현장에서 붙잡혀 온 그 여인이기도 하다는 것입니다. 이 두 가지 모습이 공존하는 것이 우리의 삶입니다.

만약 우리가 짓는 죄가 만천하에 드러난다면, 그것을 견딜 수 있는 사람이 있을까요? 내가 마음속으로 생각하고 있는 것까지 다 드러난다면 어떻겠습니까?

예수님은 자신을 의인이라고 생각하는 사람들, 나름 율법을 잘 지켰다고 자부하는 사람들, 잘 살아왔다고 자랑하는 사람들에게 사실 그들도 죄인임을 깨닫게 하셨습니다. 그리고 내가 죄인이라고 생각했던 사람들은 오히려 의인으로 만들어주셨습니다. 이것이 유대 사회를 뒤집어놓으신 예수님의 사역입니다.

이 세상 나라와 하나님나라가 다르다는 것을 주님이 이 땅에 오셔서 직접 보여주신 것입니다. 예수님을 올무에 가둬서 죽이려고 했던 사람들이 붙잡아온 그 여인의 삶을 다루실 때에도 주님은 은혜가 무엇인지, 용서가 무엇인지, 하나님이 이 세상을 어떻게 생각하시는지를 보여주셨습니다. 그리고 그 은혜는 죄인이었던 그 여인에게 고스란히 전해졌습니다.

주님이 이 모든 사건 후에 이루신 일이 있습니다. 바로 이 여인이 맞았어야 할 돌과 모함과 모욕과 치욕과 멸시를 주님이 직접 그 몸으로 맞으시고 십자가에서 죽으신 것입니다.

내가 받아야 할 모든 죄의 허물과 결과와 모욕들을 다 짊어지시고 나 대신 죽으신 하나님의 아들이라면, 그분께 나의 시간을 내어드리고 그분 앞에서 내 인생을 돌아봐야 하지 않겠습니까? 그분이 내미신 손을 잡아보아야 하지 않을까요?

"가서, 이제부터 다시는 죄를 짓지 말아라"라고 하시는 주님의 음성에는 그분의 은혜가 숨어 있습니다. "너를 정죄하는 자들이 다 어디 있느냐. 나도 너를 정죄하지 않는다"라고 하시는 그 은혜의 음성이 당신에게도 들리기를 바랍니다. 우리의 인생을 심판하실 수 있는 분은 오직 한 분, 나를 위해 돌을 맞아주신 예수님밖에 없습니다.

JESUS

2부

선택의 기로,
무엇을 택할 것인가

START

요한복음 3:1-18 1 그런데 바리새인 중에 니고데모라 하는 사람이 있으니 유대인의 지도자라 … 3 예수께서 대답하여 이르시되 진실로 진실로 네게 이르노니 사람이 거듭나지 아니하면 하나님의 나라를 볼 수 없느니라 4 니고데모가 이르되 사람이 늙으면 어떻게 날 수 있사옵나이까 두 번째 모태에 들어갔다가 날 수 있사옵나이까 5 예수께서 대답하시되 진실로 진실로 네게 이르노니 사람이 물과 성령으로 나지 아니하면 하나님의 나라에 들어갈 수 없느니라 … 16 하나님이 세상을 이처럼 사랑하사 독생자를 주셨으니 이는 그를 믿는 자마다 멸망하지 않고 영생을 얻게 하려 하심이라 17 하나님이 그 아들을 세상에 보내신 것은 세상을 심판하려 하심이 아니요 그로 말미암아 세상이 구원을 받게 하려 하심이라 18 그를 믿는 자는 심판을 받지 아니하는 것이요 믿지 아니하는 자는 하나님의 독생자의 이름을 믿지 아니하므로 벌써 심판을 받은 것이니라

J E S U S S T A R T

CHAPTER 05

순간과
영원 사이에서

최근에 췌장암 투병 중에 세상을 떠난 팀 켈러 목사님은 세계 금융의 심장부로 불리는 뉴욕 맨해튼 한복판에서 주로 젊은 엘리트 직장인들을 대상으로 사역을 했습니다. 이분은 〈뉴욕 타임스〉가 꼽은 베스트셀러 작가이기도 할 만큼 그리스도인들뿐 아니라 시대와 잘 소통한다는 정평이 났습니다.

그 분이 포스트모던 전의 문화와 후의 문화에 대해 이렇게 이야기한 적이 있습니다. 탈근대화 전의 사람들에게 "어떤 삶이 좋은 삶이냐?"라고 질문하면 대부분은 "다른 사람을 위해서 희생하며 사는 삶"이라고 답했다고 합니다. 가족과 이웃과 조국을 위해서 희생하는 사람, 이기적이지 않고 이타적인 사람이 좋은 사람이라는 문화가 지배적이었다는 말입니다.

그래서 근대화 시대의 문화적인 기준은 주로 세 가지로 생각해 볼 수 있는데, 첫째는 '도덕적 진리'(Moral Truth)로, 좋은 도덕성을 가진 사람이 좋은 사람이라는 것입니다. 둘째는 '죄책감과 수치'(Guilty & Shame)로, 이는 도덕적 진리를 잘 지키지 못했을 때 느끼는 감정입니다. 셋째는 '영적 세계'(Spiritual World)와 사후세계(After Life)에 대한 관심입니다.

그러나 탈근대화, 즉 포스트모던 시대에 "인생은 무엇인가? 무엇이 가장 중요한가?"라는 질문을 하면 "인생의 의미는 나 자신에 대하여 자유로워지는 것이다"라는 답변이 가장 지배적이라고 합니다. 과거에는 삶의 지향점이 이타적인 삶에 있었다면, 지금은 나 자신에 대해 자유로워지는 삶에 있다는 것입니다.

인생의 가치는 어디 있는가?

포스트모던 철학은 모든 삶에 의미가 존재한다는 사실을 부정합니다. 의미를 부여하는 것을 굉장히 부담스러워하고 거부하지요. 특별히 자아 존재 의식, 나를 정의하는 것에 대하여 외부적인 영향을 받는 것을 아주 싫어합니다. 실존주의 철학자인 사르트르는 이런 주장을 했습니다.

"우리는 매 순간을 행동을 통해 우리가 누구인가를 선택한다. 우리의 존재는 결코 고정되거나 마무리되지 않는다. … 우리의 가치는 우리가 선택하는 것이다."

사르트르를 비롯해 니체, 체호프, 알베르 카뮈, 버지니아 울프 등 수많은 철학자가 인간의 행복과 삶의 목적, 고통과 기쁨, 삶과 죽음, 선과 악을 이야기했지만, 그 누구도 우리가 어디서 왔는지, 삶의 진정한 목적은 무엇인지, 그리고 마침내 우리가 어디로 가는지에 대해서는 이야기해주지 않았습니다.

인생의 의미와 가치는 내가 선택하는 것이며, 나 자신에 대해 자유로워지는 것이라는 포스트모던 철학의 주장이 상당히 매력적이고 설득력 있게는 들리지만, 왜 항상 그 끝은 염세주의와 허무주의일까요?

지금 전 세계 젊은이들은 어느 시대보다도 문명의 이기를 누리며 자신의 결정에 의해 쾌락을 극대화하는 법을 터득했습니다. 그러나 그 어느 시대보다도 정신질환이나 자살, 허무주의를 많이 경험하고 있습니다. 말 그대로 방황의 시대입니다. 쾌락을 극대화하고 많은 것을 누리고 있지만, 가장 많이 방황하는 시대입니다.

저는 우리가 다 포스트모던 문화에 기반하여 살아가고 있다고 생각하지는 않습니다. 그러나 오늘 우리가 살고 있는 이 세계의 주류 문화나 사조가 포스트모던에 있음은 분명합니다.

동시에 또 하나 분명한 것은 '신이 존재하지 않는다면 설명할 길이 없는 인생의 본질적이고 고통스러운 문제들이 우리의 삶에 널려 있다'라는 현실입니다. 인간 스스로 해결할 수 없다는 것입니다. 인간에게 두려움이 존재하는 것은 죽음의 문제 때문이고, 죽음을 두려워하는 것은 내일 일을 모르기 때문이며, 내일 일을 모르는 것은 내가 내 인생의 주인이 아니기 때문입니다.

물론 포스트모던 사조 중의 하나가 '내일은 없다'라는 신조입니다. 죽음 이후의 사후세계가 존재하지 않는다는 생각은 이 세상에서 막살아도 괜찮다는 도덕성의 파괴와 절대 진리를 부정하는 결과를 만들었습니다. 모든 것은 상대적이라는 생각 때문에 선과 악을 구별할 필요도 없다는 사조가 이미 문화나 예술계에 깊숙이 자리 잡고 있습니다.

그러나 문제는 인간의 인생이 이생에서만이라면, 너무 억울한 사람들이 많다는 것입니다. 사실 이건 너무 불공평합니다. 내일을 알 수 없고, 내일이 보장되지 않은 채, 오늘 최선을 다해 사는 것이 무슨 의미가 있을까요? 억울하고 불공평하게 산 것을 공평하게 판단해주고 심판해줄 누군가도 없고 사후의 세계도 없는데, 삶에 무슨 소망이나 의미가 있겠습니까? 억울함을 풀어줄 존재도 없고, 이 땅에서 사랑했던 사람을 영원히 보지 못한다는 생각에 살아갈 목적을 잃어버릴 수도 있습니다.

사르트르나 니체는 나의 인생의 주인은 내가 되어야 한다고 이야기했지만, 사실 나란 인간은 태어나는 날도 내가 정하지 못하고, 생을 마감하는 날도 내가 정하지 못한다는 자연의 법칙을 너무나 잘 알고 있습니다. 태어나는 날은 선택하지 못했지만, 그 반항심에 가는 날은 내가 선택하겠다며 비극적으로 스스로 생을 마감하는 사람들도 있습니다. 하지만 이는 그것이 바로 인간 중심이 만들어낸 허무주의의 결과라는 것을 스스로 입증할 뿐입니다.

내 인생의 주인이 되신 분

여기 이런 인생의 본질적인 질문을 가진 사람이 있습니다. 바로 니고데모란 유대인입니다. 니고데모는 당시 유대 종교를 대표하는 종파 중의 하나인 바리새파에 속한 사람이었습니다. 또한 산헤드린 공회라는 곳의 회원이었습니다. 상당히 높은 신분과 권력을 가진 사람이었지요. 요즘 말로 그는 '금수저'였습니다.

당시 유대 사회는 로마의 통치를 받고 있었지만, 실제적으로는 강력한 유대의 종교와 율법으로 정치와 경제, 문화까지, 모든 삶을 다스리고 있었습니다. 동시에 구약 성경을 믿고 있었던 유대인들은, 그들을 로마의 압제에서 구원해줄 강력한 메시아를 기다리고 있었습니다.

그런 상황에서 유대 땅에 나사렛 예수란 자가 나타난 것입니다. 사실 유대 종교는 여러 가지 이유를 들어 사람들을 분리하고 층을 갈랐습니다.

그러나 예수라는 사람은 신분이 높든지 낮든지 남녀노소 불문하고, 그들의 육신의 질병과 정신적 질병을 치유하는 기적을 베풀고 다녔습니다. 모든 사람을 차별하지 않고 사랑으로 다가가는 모습을 모두가 보았습니다. 무엇보다도 구약 성경을 인용하며 '하나님나라'라는 것이 무엇인지 가르치고 다녔습니다. 구약 성경을 꿰뚫고 있는 그분의 지식과 사랑의 사역에 많은 사람이 매료되었습니다.

니고데모 역시 이런 예수님에게 매료되었습니다. 그리고 예수님을 찾아와 이렇게 이야기했습니다.

이 사람이 밤에 예수께 와서 말하였다. "랍비님, 우리는, 선생님이 하나님께로부터 오신 분임을 압니다. 하나님께서 함께하지 않으시면, 선생님께서 행하시는 그런 표징들을, 아무도 행할 수 없습니다." 요한복음 3:2, 새번역

그런데 성경은 니고데모가 예수님을 찾아온 시간이 밤이라고 합니다. 밤이라는 말을 기록한 것은 두 가지 의미를 내포합니다. 첫째는 그의 신분상 사람들의 눈을 피해서 은밀하게 밤

중에 찾아왔다는 의미이며, 다른 하나는 그의 삶이 지금 수많은 질문과 회의의 한밤중에 있다는 것을 뜻합니다.

우리가 신이란 존재를 찾을 때는 대개 우리의 인생이 한밤중일 때입니다. 인생의 깊은 밤을 맞은 사람일수록 우리 인생에 닥친 문제의 해답을 찾으러 간절히 절대자에게로 나아갑니다. 그런 의미에서 니고데모는 우리를 대표하는 사람이라 할 수 있습니다.

이미 니고데모의 속마음을 알고 계신 예수님은 이런 말씀을 하십니다.

누구든지 다시 나지 않으면, 하나님나라를 볼 수 없다.

요한복음 3:3, 새번역

예수님의 말씀에 니고데모가 또 우리를 대표해서 이런 질문을 합니다.

"사람이 늙었는데, 그가 어떻게 태어날 수 있겠습니까? 어머니 뱃속에 다시 들어갔다가 태어날 수야 없지 않습니까?"

요한복음 3:4, 새번역

예수님은 이렇게 대답하셨습니다.

"내가 진정으로 진정으로 너에게 말한다. 누구든지 물과 성령으로 나지 아니하면, 하나님나라에 들어갈 수 없다." 요한복음 3:5, 새번역

예수님이 말씀하시는 하나님나라는 하나님이 다스리시는 영역을 의미합니다. 하나님은 신으로서 천지 만물을 창조하셨습니다. 그러나 인간의 죄로 말미암아 우리가 살아가는 이 세상에는 공평하지 않은 부분들이 존재하게 되었습니다. 인간은 하나님의 선하신 목적을 어기고, 욕심으로 하나님을 대항하며, 같은 인간들에게도 범죄를 저지르게 되었습니다. 그 형벌로 인간은 생로병사를 경험하게 되었습니다. 이건 누구도 피해갈 수 없는 사실입니다.

거듭남으로써 영생을 얻는 삶

그럼에도 불구하고 하나님은 여전히 인간사를 그분의 거룩과 은혜로 통치하시면서 인간의 모든 선과 악을 완전하게 심판하는 날을 정해 놓으셨는데, 그런 기독교 세계관은 시작과 진행과 마침이 있습니다. 그리고 마침 이후 우리의 삶은 영원으로 가게 됩니다. 윤회(輪回)가 아닙니다. 인생에 마침이 있다는 것은 누군가 나의 인생을 평가해주는 날이 있다는 것이지

요. 그것이 바로 '하나님나라의 완성'입니다.

　개인의 심판은 개인의 죽음으로 맞이하게 되지만, 하나님나라의 완성은 이 땅에서 인류가 종말을 맞이할 때 이루어집니다. 그때는 완벽한 하나님의 나라가 임할 것입니다.

　예수님께서는 영생을 경험하는 일은 '다시 나야만'(거듭나야만) 가능하다고 말씀하십니다. 하지만 육신적으로만 생각한 니고데모는 이 '다시 난다'라는 말을 어머니 배 속에 다시 들어갔다가 나오는 의미로 생각했습니다.

　사실 니고데모는 이것 때문에 예수님을 찾아왔습니다. 그는 마땅히 사람들을 가르치는 위치에 있었고, 유대교를 인도하는 사람의 위치에 있었으며, 사람들이 우러러보는 위치에 있었습니다. 하지만 실상은 모든 종교적인 모습은 갖고 있고 말씀도 달달 외우고 가르칠 정도로 아는데도 삶에 대해 자신이 없고, 사후 삶에 대한 확신도 없었습니다.

　그는 항상 마음이 어딘지 모르게 불안하고, 하나님나라를 볼 수 있다는 확신이 없었습니다. 내가 죽으면 도대체 내 삶이 어디로 갈 것인지에 대한 확신이 없는 것입니다. 예배도 드리고 종교 생활도 하고 하나님도 믿는데, 도대체 어떻게 하나님을 만날 수 있는 것인지 마음이 복잡했습니다. 종교적인 생활은 영생을 보장해주지 않는다는 것을 니고데모가 보여주고 있습니다.

"사람이 늙었는데 어떻게 어머니 배 속으로 다시 들어갈 수 있습니까?"

우리는 항상 눈에 보이는 현상으로만 모든 일을 이해하려고 합니다. 니고데모도 그런 사람이었습니다. 그는 예수님의 핵심을 이해하지 못했습니다.

예수께서 대답하여 이르시되 진실로 진실로 네게 이르노니 사람이 거듭나지 아니하면 하나님의 나라를 볼 수 없느니라

요한복음 3:3, 개역개정

'거듭남'(Regeneration)이란 재생산되는 것입니다. 이것은 근본적 변화를 이야기하는데, 단순한 변화(change)가 아니라 우리의 본질이 바뀌는 변화(transformation)를 말합니다.

'거듭난다'라는 말의 실제적 표현은 옷이 위에서부터 아래로 찢어지는, 위로부터의 변화를 말합니다. 즉, 하나님께서 우리의 마음을 그분의 방법대로 새롭게 변화시키지 않으시면, 인간의 영생에 대한 어떠한 토론도 무의미해지는 것입니다. 스스로 변화하거나 자유로워질 수 없기 때문입니다.

거듭남의 의미

존 웨슬리는 거듭남의 의미를 네 가지 변화로 이야기했습니다. 첫째는 하늘로부터 오는 변화(Divine change)입니다.

이 사람들이 하나님의 자녀가 된 것은 핏줄이나 육체적 욕망이나 사람의 뜻으로 된 것이 아니라 하나님의 뜻에 의해서 된 것이다

요한복음 1:13, 현대인의 성경

이는 혈연, 지연, 학연, 스펙이 다 상관 없다는 말씀입니다.

둘째는 마음의 본질적 변화(Inner change)입니다. 이는 내면의 변화를 통해 삶의 변화를 체험하는 것입니다.

육에서 난 것은 육이요, 영에서 난 것은 영이다. 요한복음 3:6, 새번역

셋째는 본질적으로 내 삶 전체가 변하는 것(Absolute change)입니다. 이는 어떤 부분적인 것이 아니라 중심이 변화되어서 단순한 변화가 아닌, 근본적으로, 본질적으로 변화되는 것을 이야기합니다.

넷째는 눈에 보이지 않는 무형질의 변화(Mysterious change)입니다.

바람은 불고 싶은 대로 분다. 너는 그 소리는 듣지만, 어디에서 와서 어디로 가는지는 모른다. 성령으로 태어난 사람은 다 이와 같다. 요한복음 3:8, 새번역

말씀의 핵심이 이것입니다. 바람은 눈에 보이지 않지만 바람이 지나간 흔적은 분명합니다. 하나님에 의해서 성령으로 변화된 사람도 이와 같다고 이야기하시는 것입니다. 향기가 달라지고 말투가 달라집니다. 그리고 예수님은 이 변화가 어떻게 일어날 것인지를 말씀하셨던 것입니다.

예수께서 대답하셨다. "내가 진정으로 진정으로 너에게 말한다. 누구든지 물과 성령으로 나지 아니하면, 하나님나라에 들어갈 수 없다." 요한복음 3:5, 새번역

여기서 '물'은 침례나 세례를 받는 것을 상징하는 물이 아니라 성령을 강조하는 말입니다. 즉 물의 특징처럼 성령의 씻기시는 역사를 말합니다. 침례와 세례는 위대한 의식이지만 그 자체가 구원을 주지는 않습니다. 내가 예수님을 만나야 하는 것, 그 역사는 하늘로부터 오는 역사를 이야기합니다. 칼빈은 이 역사를 '성령님의 씻기시는 역사'라고 했습니다. 즉 우리의 죄를 씻고, 우리의 상처를 씻고, 우리의 어두운 과거를 씻는 성

령의 역사를 말하는 것입니다.

쉽게 이야기하면, 사람이 하나님을 믿고 변화되고 구원받고 영생을 얻는 이런 일들은 인간의 업적이나 선행으로 되는 게 아니라, 온전히 하나님께서 위로부터 주시는 힘으로만 가능하다는 이야기입니다. 종교적인 행위가 아니라는 것입니다.

말씀에 담긴 그분의 사랑

니고데모가 다시 질문했습니다.

"선생님, 그럼 도대체 제가 어떻게 해야 이런 일이 일어납니까? 제가 어떻게 해야 삶의 본질적인 변화를 경험하고, 영생을 의미하는 하나님나라에 들어갈 수 있습니까?"

그때 예수님께서 하신 말씀이 바로 요한복음 3장 16절 말씀입니다.

하나님께서 세상을 이처럼 사랑하셔서 외아들을 주셨으니, 이는 그를 믿는 사람마다 멸망하지 않고 영생을 얻게 하려는 것이다.

요한복음 3:16, 새번역

이 말씀은 네 가지 원리에 대하여 이야기합니다.

첫째, 하나님이 세상을 - 우주 기원의 원리는 하나님

세상의 어떤 철학도 어떤 사상도 어떤 사조도 이야기해주지 않지만, 성경은 우주의 기원과 우리의 기원이 하나님이시라고 분명하게 선포해줍니다.

태초에 하나님이 천지를 창조하셨다. 창세기 1:1, 새번역

둘째, 이처럼 사랑하셔서 - 우주를 이끌어가는 원리는 사랑

하나님께서 세상을 이끌어가시는 원리는 여전히 사랑입니다. 죄악이 만연한 것 같은데 그럼에도 이 세상의 종말이 아직 오지 않은 것은 하나님이 여전히 소망을 갖고 이 세상을 사랑하시기 때문입니다. 이것은 변함이 없습니다.

하나님께서는 세상을 창조하시고 인간을 창조하실 때에도 사랑으로 하셨습니다. 하나님은 인간에게 하나님의 호흡을 불어넣으시고, 하나님의 형상을 닮게 창조하셨습니다.

하나님이 인간에게 영을 불어넣으셨기에 사람은 영을 가지고 있습니다. 그렇기에 예수님을 믿는다는 것은 그 죽었던 영이 다시 살아나는 것을 이야기하는 것입니다. 또한 하나님은 자신의 형상을 닮게 인간을 창조하셨다고 말씀하십니다. 그래서 인간이 만물의 영장인 것입니다. 인간은 죄를 짓고 나락으로 빠졌지만, 하나님은 여전히 그분이 만드신 우주를 그분의

사랑으로 이끌어 가십니다.

셋째, 외아들을 주셨으니 – 우주를 자유케 하는 원리는 희생

죄의 노예가 된 인간을 해방케 하신 하나님의 원리는 하나님 스스로 선택하신 희생이었습니다. 죄 가운데 방황하며 밤잠을 설치고 내일을 두려워하는 인간에게 하나님께서 선택하신 것은, 바로 우리 인생의 죗값을 대신 치르기 위해 그의 아들을 이 땅에 보내시어 십자가의 죽음에 내어주신 것입니다.

우리는 인생을 살면서 새롭게 살아보려고 발버둥을 칩니다. 그런데 인간의 죄는 어떤 것으로도 지울 수 없는 주홍 글씨입니다. 오직 하나님의 거룩한 피로서만 해결할 수 있다는 것을 인간을 지으신 하나님은 알고 계셨습니다. 그래서 하나님의 아들이 이 땅에 인간의 몸을 입고 오셔서 우리의 죄를 대신하여 십자가의 형벌을 받으신 것입니다.

하나님은 우리의 어떤 종교적이고 율법적인 모습을 보셔서 우리를 의롭다 하시며 구원하시는 것이 아니라, 우리에게 뿌려진 아들의 거룩한 피를 보시고 의롭다고 선언해주시는 것입니다. 이미 하나님께서 십자가에서 행하신 그 아들의 희생과 그 사랑을 우리더러 바라보라고 하시는 것입니다.

포스트모던의 사조처럼 "인생의 의미는 나 자신에 대하여 나 스스로 자유로워지는 것이다"라고 믿는 것은 자유입니다.

그 믿는 것이 사실이면 좋겠지만, 인간은 사르트르나 니체의 말처럼 스스로의 힘으로 선택하여 자유로워질 수 있는 존재가 아닙니다. 인간은 생로병사를 스스로 극복할 수 없기 때문입니다.

인간은 오직 우리를 죽음으로 옭아매는 죄에서 자유할 때 비로소 자유로워질 수 있습니다. 인간이 그것을 스스로 할 수 없기 때문에 하나님께서는 그의 아들을 대신 죄의 형벌에 내어 주시는 희생을 택하신 것입니다.

넷째, 멸망하지 않고 영생을 얻게 하려는 것이다 – 우주를 행복하게하는 원리는 영생

하나님의 본심은 사랑입니다. 하나님의 심판의 원래 목적은 인간을 죄로 유혹한 악의 영에 대한 것이었습니다. 지옥의 목적은 사탄을 위한 것이었습니다. 하나님은 그분의 형상을 닮은 인간 어느 누구도 멸망하기를 원하지 않으십니다. 그것이 하나님의 본심이십니다. 요한복음 3장 17절에 분명한 하나님의 본심과 목적이 담겨 있습니다.

하나님께서 아들을 세상에 보내신 것은, 세상을 심판하시려는 것이 아니라, 아들을 통하여 세상을 구원하시려는 것이다.

요한복음 3:17, 새번역

이제 마지막으로 나의 결정이 남아 있습니다. 이 모든 것을 진리로 받아들이고 나의 삶에 온전한 변화가 일어나기를 간절히 원한다면, 이 말씀을 기억해야 합니다.

하나님께서 세상을 이처럼 사랑하셔서 외아들을 주셨으니, 이는 그를 믿는 사람마다 멸망하지 않고 영생을 얻게 하려는 것이다.

요한복음 3:16, 새번역

"이는 그를 믿는 사람마다"를 영어 표현에서는 "Whoever believes in Him", 즉, "그가 누구든지 예수님을 믿는 자마다"라고 말합니다.

저는 이 말씀이 성경에서 가장 중요한 복음의 핵심 가운데 하나라고 생각합니다. 하나님께서 사람을 차별하거나 구분하지 않으시고, 어떠한 환경 가운데 있든지, 어떠한 상황과 죄 가운데 있든지, 어디에 속했든지 그가 누구라도 자신의 아들 예수 그리스도를 믿는 자는 멸망치 않고 영생을 주시겠다는 선언을 하신 것입니다.

그리고 니고데모와 이 대화를 하고 있는 예수님께서는 잠시 후에 바로 니고데모를 위하여 십자가에 달려 돌아가시게 된 것입니다.

영원을 꿈꾸는 삶을 살라

이제 두 가지가 중요합니다. 하나는 '어떻게 영원한 삶을 얻는가'입니다. 그리고 또 하나는 '그럼 이제부터 어떻게 살아야 하는가'입니다.

하나님의 원래 계획에 인간의 본질은, 영원을 위해 창조되었습니다. 인간이 내일을 확신하며 영원히 산다는 확신이 있다면, 인간은 사실 그 무엇도 두려워하지 않을 것입니다. 영혼을 위해서 지음받은 우리 인간은 어떤 선택을 해야할까요?

영원을 염두에 두고 사는 사람과 70~80년만 염두에 두고 사는 사람은 삶에 대한 가치관이 다를 수밖에 없습니다. 우리는 아직 이 땅에 살고 있기에 순간과 영원 사이에서 고민하고 방황합니다. 그러나 오늘의 선택이 내일을 만드는 것처럼, 순간의 선택이 영혼을 좌우합니다.

순간을 위해 사는 하루살이도 그렇게 열심히 날아다니는데, 하물며 영원을 위해 지음 받은 인간은 어떤 선택을 해야할까요? 이 땅에서의 삶이 끝이라면 우리는 염세주의, 허무주의, 쾌락주의로 사는 것이 맞을지도 모르지만, 그러나 모든 인간은 부활합니다. 인생이 끝이 아니란 이야기입니다. 심판이 기다리고 있기 때문입니다. 하나님께서 억울한 것을 갚아주시며 잘못한 것을 처벌하십니다. 저는 그것이 인류를 향한 하나님의 공의이며 거룩이자 사랑이라고 생각합니다. 왜냐하면 우리의 모든 선악을 판단해주시고 갚아주시기 때문입니다.

하버드 대학에서 박사학위를 받고, 다트머스대학(Dartmouth University)에서 교수 생활을 하다가 한국으로 교환교수로 가던 백인 뇌신경과학자(Neuroscientist)를 만난 적이 있습니다. 그는 친구가 쓴 책이라며 다윈의 진화론에 관한 책을 들고 있었습니다. 저는 진화론에 대해 물어봤고 그때부터 한국에 대한 이야기, 미국에 대한 이야기, 그리고 다윈의 진화론에 대한 이야기를 나누었습니다. 먼저 그 분의 주관심사인 과학에 관한 이야기를 두세 시간 들어주었습니다.

계속 이야기를 듣고 있던 제 마음 가운데, 하나님께서 이런 질문을 하라는 마음을 주셨습니다.

"박사님의 인생에서 박사님이 가장 중요하게 여기는 가치는 무엇인가요?"

박사님은 '관계'라고 말했습니다. 저는 다음 질문을 했습니다.

"그 관계를 이루기 위하여 가장 중요한 핵심 가치는 무엇인가요?"

그는 골똘히 생각하더니 한 단어로 답했습니다.

"사랑."

그래서 제가 질문했습니다.

"그럼 박사님이 믿는 진화론이나, 뇌 과학 분야에서는 사랑에 대해 이야기하나요?"

박사님은 아니라고 했습니다.

"박사님 생각에 인생의 가장 중요한 가치가 관계이며, 그 관계의 핵심은 사랑이라고 했는데, 박사님이 신봉하는 과학이나 진화론이 사랑을 이야기하지 않는 것에 대해서 어떻게 생각하세요?"라고 질문했더니 박사님이 당황하기 시작했습니다. 그의 눈동자가 흔들리는 것을 보았습니다.

그때 성령께서 제 마음에 말씀 한 구절을 주셨습니다. 바로 요한복음 3장 16절이었습니다.

"하나님이 세상을 이처럼 사랑하사 독생자를 주셨으니 이는 그를 믿는 자마다 멸망하지 않고 영생을 얻게 하려 하심이라."

저는 그 박사님의 당황하는 눈빛을 잊을 수 없습니다. 박사님 스스로가 인생에서 가장 중요한 것은 관계이며, 그 핵심은 사랑이라고 고백했습니다. 과학은 우리에게 유익을 줄 수 있지만 사랑을 줄 수는 없습니다.

그렇습니다. 하나님은 사랑이시고, 그 사랑을 인간에게 적용하신 유일한 존재이십니다. 그날 저는 '사랑'이란 주제로 박사님을 주님께로 인도하는 놀라운 경험을 했습니다.

그는 사실 어려서 부모님 손에 이끌려 교회를 다니다가, 중학교 졸업반 때 진화론을 접하고는 교회를 떠났다고 합니다. 저는 장시간 박사님의 이야기를 경청해주었습니다. 그때 하나님께서 제 마음에 이 형제를 사랑하고 계심을 말씀해주셨습니다.

"하나님이 세상을 이처럼 사랑하사⋯."

세계 최고의 석학들이 다니는 학교에서 공부를 하고 교수가 되었지만, 여전히 그의 마음속에 있는 사랑에 대한 갈급함은 채울 수 없었습니다. 그러나 그날 주님이 니고데모를 만나주셨듯이 그 백인 형제를 만나주셨습니다. 박사님은 한국에 가서 다시 교회에 다니기로 약속했습니다.

그리고 실은 자기 주변에서 자기를 위해 기도해주는 한국인 교수 두세 명이 있다는 사실도 고백했습니다. 여러 사람이 그 교수님에게 이미 주님의 사랑으로 다가가고 있었던 것입니다. 제가 그날 도구로 쓰였을 뿐이었지요.

우리는 인간으로서 때로 순간만을 의식하고 즐기지만 우리는 영원 속에 지음 받은 존재입니다. 우주 기원의 원리는 하나님이십니다. 그리고 우주를 이끌어가시는 원리는 그 하나님의 사랑이십니다. 순간만을 위해 살아온 인생, 그러나 그런 썩어질 인생을 위해 영원하신 하나님의 아들이 우리에게 자유를 주시려고 희생하셨습니다.

그런 자유와 영생을 통해 당신의 삶이 세상이 줄 수 없는 최고의 기쁨을 누리기를 주님의 이름으로 축복합니다.

요한복음 5:1-9 1 그 후에 유대인의 명절이 되어 예수께서 예루살렘에 올라가시니라 2 예루살렘에 있는 양문 곁에 히브리 말로 베데스다라 하는 못이 있는데 거기 행각 다섯이 있고 3 그 안에 많은 병자, 맹인, 다리 저는 사람, 혈기 마른 사람들이 누워 [물의 움직임을 기다리니 4 이는 천사가 가끔 못에 내려와 물을 움직이게 하는데 움직인 후에 먼저 들어가는 자는 어떤 병에 걸렸든지 낫게 됨이러라] 5 거기 서른여덟 해 된 병자가 있더라 6 예수께서 그 누운 것을 보시고 병이 벌써 오래된 줄 아시고 이르시되 네가 낫고자 하느냐 7 병자가 대답하되 주여 물이 움직일 때에 나를 못에 넣어 주는 사람이 없어 내가 가는 동안에 다른 사람이 먼저 내려가나이다 8 예수께서 이르시되 일어나 네 자리를 들고 걸어가라 하시니 9 그 사람이 곧 나아서 자리를 들고 걸어가니라

JESUS START

CHAPTER 06

고통과
회복 사이에서

어느 분과 상담하다가 이런 기도 부탁을 받은 적이 있습니다.

"목사님, 저는 인생에 큰 욕심이 없어요. 그저 저희 부부 두 사람 살 집이 있고, 하루 세 끼 걱정 안 하고, 자녀들이 자기들 앞가림하고, 가끔 등산하고, 골프 치고, 맛있는 음식 먹으며, 큰 병치레 없이 지내다가 어느 날 인생 100세 채우고 가는 거예요."

그런데 이것처럼 인생에 큰 욕심이 어디 있을까요? 사실 인생은 태어나서 잠시의 활짝 피는 젊은 시절을 지나, 나이 들고, 병들고, 때가 되면 죽음을 맞이하는 것입니다. 사는 동안 행복도 있겠지만, 모든 인간은 누구나 예외 없이 고난을 겪고, 그 가운데서 파생한 상처와 고통을 경험하며 삽니다.

사실 인류 문학에는 고난을 미화한 시와 명언도 많고, 성경도 고난이 주는 유익에 대하여 이야기합니다. 그러나 현실적으로 인간은 그 누구도 고난을 겪으며 고통을 경험하기를 원하지는 않습니다. 그렇다면 우리 인생에 고난과 고통은 왜 있는 걸까요? 만약 신이 존재한다면, 왜 신은 인간이 고난을 통해 고통 당하는 것을 허용하는 것일까요?

제가 고난과 고통의 문제에 다 답할 수는 없습니다. 인생을 살면서 겪는 고통의 문제를 신앙으로 극복하기도 했지만, 전부 이해할 수는 없음을 솔직하게 고백합니다. 그럼에도 불구하고 제가 발견한 몇 가지 사실을 나누려고 합니다.

고난에 대해

첫째, 하나님이 인간을 창조하신 원래 목적은 고통이나 형벌이 아닙니다. 하나님이 인간을 창조하신 목적은 사귐과 축복에 있습니다. 이것은 여전히 유효합니다.

둘째, 그러나 인간이 하나님 앞에 지은 죄는 하나님의 본래 선하신 목적에서 벗어나게 만들었습니다. 하나님께 그것을 막을 능력이 없으셨던 게 아니라, 하나님이 인간에게 자유의지를 주셨는데 인간이 선택적으로 죄를 짓는 우를 범한 것입니다. 그럼으로 말미암아 모든 인간들이 겪게 된 생로병사, 특히 삶의 고통의 문제는 바로 이 죄의 결과입니다.

셋째, 하나님은 인간의 죄의 상태와 그와 연관된 고통에 대하여 외면하시는 분이 아닙니다.

마지막으로 넷째, 하나님은 인간의 고통을 방관하지 않으시고, 고통의 문제를 해결할 수 있는 궁극적이고 본질적인 대안을 제시해주셨습니다.

때로는 순간의 고통을 멈춰주기도 하시고, 고통의 상황을 막아주기도 하시지만, 그 차원을 넘어서 인간의 타락으로 인해 일어나는 고난과 고통의 문제를 근본적으로 해결해주시는 대안을 인류에게 제공해주셨다는 말입니다.

본문에 등장하는 어느 병자의 이야기는 그런 예를 나타내는 성경의 수많은 이야기 중 하나입니다.

아픈 자들의 대안, 베데스다

유대인의 명절 중에 예수님은 예루살렘으로 발걸음을 옮기시며 고통 가운데 있는 누군가를 찾아가셨습니다. 그 장소는 예루살렘 성전 근처의 '베데스다'라는 곳이었습니다.

당시 베데스다는 수영장과 같은 못으로 예루살렘 성전의 북동쪽 모서리 부근에 있었습니다. 어떤 학자들은 이곳을 '아스클레피오스'라는 종교적 요양소인 것으로 추정하는데, 아스클레피오스는 로마의 신들 중 의술의 신으로, 자비롭고 온유한 치유자라고 알려져 있습니다.

'베데스다'는 '은혜의 집' 혹은 '물을 붓는 집'이란 뜻입니다. 즉 배경적으로는 히브리의 종교와 헬라의 미신이 혼합되어서 사람들에게 전설적으로 내려오는 치료의 못이 된 것입니다. 이런 미신적이고 종교적인 이유 때문에 유대인들이나 종교 지도자들은 그곳에 얼씬도 하지 않았을 것입니다.

한편, 병든 자들은 아픈 몸을 치료받기 위해 하나님을 만나러 예루살렘 성전에 당연히 들어가야 했으나, 당시 유대 율법상 질병이 있는 사람들의 성전 출입은 허용되지 않았습니다. 그래서 허락받지 못한 자들이 한 줄기 소망을 가지고 찾아가던 곳이 바로 성전 주변의 전설적인 베데스다 못이었습니다. 질병으로 인해 성전 안으로 들어갈 수 없는 사람들의 대안의 장소였던 것입니다.

게다가 거기엔 사람들을 잡아끄는 전설이 있었습니다. 가끔 천사가 하늘로부터 베데스다에 내려와 물을 움직이게 하는데, 그때 가장 먼저 들어가는 자는 어떤 병에 걸렸든, 완전히 나음을 얻게 된다는 것입니다. 때문에 베데스다 주변에는 많은 신체적 중환자들이 치료에 대한 소망을 품고 몰려들고 있었습니다.

38년 된 병자에 주목하심

　그런데 본문은 한 환자에게 주목합니다. 실제 이름보다 더 기억에 남는 그의 별명은 '38년 된 병자'였습니다. 그 당시 남자들의 평균 수명은 삼십 대 중반이었는데, 이 사람은 평균 수명보다 더 오랜 세월 동안 병으로 고통받고 있었습니다. 예수님은 그 많은 사람들 중 아마도 가장 긴 세월 동안 고통 가운데 있는 그에게 관심을 가지셨던 것 같습니다.

　예수께서 누워 있는 그 사람을 보시고, 또 이미 오랜 세월을 그렇게 보내고 있는 것을 아시고는 물으셨다. "낫고 싶으냐?"

요한복음 5:6, 새번역

　예수님이 '보셨다'라는 것은, '주목하셨다, 찾아가셨다'라는 의미입니다. 예수님은 우리의 고통을 외면하지 않으시고 바라보십니다.
　예수님은 이미 그 환자의 병이 오래된 것을 아셨습니다. 그리고 이런 질문을 하십니다.
　"낫고 싶으냐?"
　당연히 거기 모여든 모든 환자의 바람이 치유 아니겠습니까? 너무나도 당연한 질문이었기에 자칫 기분 나쁜 질문이 될 수도 있었습니다. 그러나 하나님의 아들이신 예수님은 인간의 마음의 중심을 파고드십니다. 진리이신 그분이 진리를 말씀하시는 것입니다. "네가 낫고 싶으냐? 정말 살아나기를 원하느냐?"라는 이 질문은 그것이 정말 목적인지를 다시 한번 물으시는 것입니다.

예수님의 이 질문에는 38년 된 병자의 진실이 숨겨져 있습니다. 신기하게도 이 환자는 예수님의 질문에 다른 여느 사람들처럼 대답하지 않습니다. 보통은 "주님 제가 낫고자 합니다. 저를 치료해주옵소서"라고 대답합니다. 그러나 그 병자는 이렇게 대답합니다.

그 병자가 대답하였다. "주님, 물이 움직일 때에, 나를 들어서 못에 다가 넣어주는 사람이 없습니다. 내가 가는 동안에, 남들이 나보다 먼저 못에 들어갑니다." 요한복음 5:7, 새번역

이 병자의 대답에는 병이 낫는 것에 대한 소원보다 고통으로 인한 원망이 가득 차 있었습니다. 이러한 그의 내면의 아픔을 아시는 주님은 "낫고 싶으냐"라는 너무도 당연한 질문을 하신 것입니다.

원망과 책임 전가

그에게는 '내가 치유를 받지 못하는 이유는 다른 사람들이 나를 연못에 넣어주지 않기 때문'이라는 원망이 가득 차 있었습니다. 원망의 마음은 책임 전가입니다. "내가 가는 동안에"라는 표현을 보면 그래도 조금이나마 움직일 수 있는 환자였을 것으로 생각됩니다. 그런데도 그는 책임을 전가하고 핑계만 대며 원망 가득한 대답을 내놓습니다.

도대체 이것이 몇 년 간의 고백입니까? 성경이 이 환자를 가리켜 '38년 되었다'라고 했는데, 그 38년의 시간은 고통의 세월이었던 동시에 원망과 한탄의 세월이었을 것입니다.

모든 인간의 본질은 환경을 탓하고, 사람을 탓하며, 신세를 탓합니다. 그렇게 누군가를 탓하고 나면 시원할 것 같지만, 사실 책임 전가는 나의 상처를 덧나게 하고, 치료를 방해할 뿐입니다. 그리고 끊임없이 우리의 고통에 대해 책임 전가를 할 희생양을 찾는 데 인생을 허비하게 합니다.

원망이 마음을 지배하게 되면 모든 일의 책임이 내가 아니라 다른 사람에게 있다고 생각하기 마련입니다. 원망이 일상의 습관이 되는 것이지요. 그러면 자연히 입술에 불평이 담기게 됩니다.

'내가 공부를 못 하는 것은 우리 부모님의 머리가 좋지 않기

때문이야.'

'내가 이렇게 가난하게 사는 것은 흙수저로 태어났기 때문이야.'

'내가 이런 병에 걸린 이유는 다 그 사람 때문이야.'

에덴동산에서 하나님이 금지하신 선악과를 따먹은 아담과 하와의 말을 기억합니까?(창 3:11-15 참조)

하나님이 물으셨지요.

"왜 그 나무 실과를 먹었느냐?"

아담은 이렇게 대답했습니다.

"하나님이 주셔서 나와 함께 있게 하신 여자 그가 그 나무 열매를 내게 주므로 내가 먹었나이다."

화살을 하나님과 여자에게로 돌리고 있습니다. 그러자 하나님이 이번에는 하와에게 물으셨습니다.

"네가 어찌하여 이렇게 하였느냐?"

하와가 대답했습니다.

"당신이 창조하신 뱀이 나를 꾀어 내가 먹었나이다."

명백한 범죄를 행했음에도 불구하고 아담과 하와는 잘못을 시인하지 않았습니다.

질투로 자기 동생을 죽인 아담과 하와의 첫째 아들, 가인의 반응은 어떻습니까? 그는 아우를 찾는 하나님께 "내가 내 아우를 지키는 자니이까?"라며 도리어 따져 물었습니다. 자기가 죄를 짓고도 하나님 앞에 책임을 전가하는 것입니다.

죄의 핵심 가운데 하나가 책임 전가입니다. 어떤 상황이나 삶에 대해 내 책임이라고 인정하면 회개를 하지만, 내 책임이 아니라고 생각하면 스스로 그것을 상처라고 생각하게 됩니다. 그래서 자기 연민과 원망에 빠지게 되지요.

그러면 삶은 계속해서 원망과 고통에 사로잡힐 수밖에 없습니다. 그리고 자신의 그런 생각에 맞장구를 쳐줄 또 다른 원망의 대상을 찾아 헤매게 됩니다. 인생을 이렇게 다 허비한다면 그 인생은 얼마나 비참할까요.

천진난만하고 순진한 아이들조차도 명백히 자기가 잘못해 놓고도 잘못을 추궁하면 "쟤가 했대요. 말순이가 했어요. 길동이 때문이에요" 같은 핑계의 말들을 쏟아냅니다. 어디서도 배운 적 없는 거짓말로 둘러대지요. 죄 된 우리 인간의 본질입니다.

치유의 시작

모든 치유는 자기 자신을 온전히 바라보는 데서 시작됩니다. 38년 된 병자가 그 세월 동안 베데스다 연못에 비친 자기 얼굴만 제대로 보았어도, 그 마음까지 병들진 않았을 것입니다. 본문에서는 그런 그에게 자신의 내면을 비춰볼 수 있는 기회가 주어진 것입니다.

인간의 모든 질병이 다 죄로부터 오는 것은 아닙니다. 욥의 경우나 예수님이 그의 죄나 그 부모의 죄 때문이 아니라고 하셨던 앞 못 보는 소경의 경우에서 이 같은 사실이 분명하게 드러납니다. 우리가 겪는 생로병사는 인간의 본질적인 죄, 즉 원죄로 말미암아 겪는 것입니다. 그러나 38년 된 병자의 경우, 나중에 예수님과의 대화에서 알 수 있듯이 그의 죄에서 온 질병이었습니다.

그러나 그는 이미 자신의 내면을 들여다볼 만한 기력을 잃어버렸습니다. 그래서 예수님이 찾아오신 것입니다. 그것이 바로 복음, 곧 복된 소식입니다.

자기 자신도 모르게 그의 내면 깊은 곳에서 울부짖는 통곡 소리를 하나님이 들으시고 그 아픔과 고통과 번민과 원망을 보신 것입니다.

마음의 문제를 먼저 해결해야

우리는 삶의 어느 순간에 상처를 입으면 남은 인생을 원망으로 가득 채우며 살아가려고 합니다. 그때 그 사건, 그 사람,

그 환경에 내 인생의 실패에 대한 책임을 전부 전가합니다. 인류 최초의 죄를 짓고도 책임을 전가하기 바빴던 아담과 하와의 변명을 보면, 우리는 그 후손이 분명합니다.

우리는 나에게 상처를 준 사람이 아주 호된 심판을 받기를 바랍니다. 큰 병에 걸리기를 바라고, 사람들의 질타를 받거나 물질적으로 망하기를 바랍니다. 그러나 문제는 그런 일이 생긴다 해도 나의 마음의 상처가 결코 치유되는 것은 아니라는 것입니다. 고통은 사라지지 않습니다. 왜냐하면 그것은 내 마음의 문제이기 때문입니다.

원망이 내 마음속에 너무 오랫동안 자리 잡고 있으면, 사랑하는 법도, 용서하는 법도, 관계를 회복하는 법도 배우지 못한 채 원망과 불평을 쏟아내는 것으로 자신의 삶과 마음과 시간과 모든 에너지를 다 쏟아붓게 됩니다. 때문에 설령 내게 상처를 준 사람에게 심판이 임한다 해도 마음의 평화는 찾아오지 않습니다. 복수는 결코 상처와 고통을 치료할 수 없습니다. 그것은 이미 내 마음의 원망이며 나 자신과의 싸움으로 변화되었기 때문입니다.

혹시 38년 된 병자처럼 지금 이렇게 원망만 하며 지내고 있지는 않나요?

물이 움직일 때에

인생에 기회가 왔을 때

나를 못에 넣어주는 사람이 없어

나는 돈도 없고 배경도 없고

잘난 부모님과 배우자를 못 만났고

머리도 나쁘고 말주변도 없어

내가 가는 동안에

나는 늘 최선을 다하지만요

다른 사람이 먼저 내려가나이다.

나는 항상 다른 사람보다 뒤처지는 인생의 실패자입니다.

결국 고통과 상처에 대한 원망은 우리의 손을 들어 하늘을 향해 손가락질하는 것입니다. "하나님, 왜 나를 이렇게 만드셨습니까?"라는 항변인 것입니다. 우리는 그런 항변만을 계속하며 우리의 고통과 상처를 대신해줄 희생양을 찾습니다.

책임 전가의 희생양

그때 하나님이 말씀하십니다.

"보라 세상 죄를 지고 가는 하나님의 어린양이 있지 않느냐?"

아담과 하와로부터 지은 모든 죄, 이제까지 인류가 받았던 모든 상처, 사람들이 그토록 찾아 헤맸던 책임 전가의 희생양이 있다고 하십니다!

하나님이 또 말씀하십니다.

"바로 예수 그리스도, 내 사랑하는 아들이 여기 있다. 원하는 대로 죽여라. 원하는 만큼 채찍질을 해라. 분이 풀릴 만큼 분풀이를 해라."

그것이 십자가에 나타난 역사였습니다.

그는 실로 우리가 받아야 할 고통을 대신 받고, 우리가 겪어야 할 슬픔을 대신 겪었다. 그러나 우리는, 그가 징벌을 받아서 하나님에게 맞으며, 고난을 받는다고 생각하였다. 그러나 그가 찔린 것은 우리의 허물 때문이고, 그가 상처를 받은 것은 우리의 악함 때문이다. 그가 징계를 받음으로써 우리가 평화를 누리고, 그가 매를 맞음으로써 우리의 병이 나았다. 우리는 모두 양처럼 길을 잃고, 각기 제 갈 길로 흩어졌으나, 주님께서 우리 모두의 죄악을 그에게

지우셨다. **이사야 53:4-6, 새번역**

하나님께서는 우리의 죄악을 하나님의 어린양, 예수 그리스도께 담당시키셨습니다. 그분은 하나님의 아들이십니다. 인생에 일어나는 모든 고난의 문제를 다 이해할 수는 없지만, 하나님께서는 분명히 선언하십니다. 그 모든 문제를 아들이신 예수 그리스도께 담당시키셨다고 말입니다.

일어나라!

인류의 모든 죄와 고통을 짊어지신 예수님께서 38년 동안 고통의 세월을 보낸 환자에게 명령하십니다.

"일어나라. 네 자리를 들고 걸어가라. 이제 그만 원망에서 일어나라. 모든 과거에서 일어나라. 모든 상처에서 일어나라. 모든 죄에서 일어나라. 네 어둠의 자리를 들고 당당하게 걸어가라. 내가 그 상처와 어둠의 세월을 대신해 십자가에 죽겠노라. 일어나라."

그리고 놀라운 기적이 일어났습니다.

그 사람은 곧 나아서, 자리를 걷어 가지고 걸어갔다. 그 날은 안식

일이었다. 요한복음 5:9, 새번역

예수님의 치유는 전인격적인 치유입니다. 마음속에 있던 내면의 질병부터 치료를 받고 일어나라고 말씀하시는 것입니다.

혹시 지금까지 38년 된 그 환자처럼 살아오진 않았습니까? 아무도 도와줄 수 없는 환경에서 원망과 불평과 책임 전가만 가득했던 삶을 살진 않았나요? 그래서 예수님께서 직접 찾아오십니다. 우리는 그분의 음성을 들어야 합니다.

"낫고 싶으냐?"

베데스다 연못에서는 늘 일 등 한 사람에게만 치료받을 수 있는 기회가 주어졌지만, 예수 그리스도의 은혜는 그분을 믿는 모든 자들에게 임합니다. 그분의 음성을 들으십시오. 그 음성에 반응하십시오. 그리고 이제 원망의 자리에서 일어나 걸으십시오!

열왕기상 19:1-18 1 아합이 엘리야가 행한 모든 일과 그가 어떻게 모든 선지자를 칼로 죽였는지를 이세벨에게 말하니 2 이세벨이 사신을 엘리야에게 보내어 이르되 내가 내일 이맘때에는 반드시 네 생명을 저 사람들 중 한 사람의 생명과 같게 하리라 그렇게 하지 아니하면 신들이 내게 벌 위에 벌을 내림이 마땅하니라 한지라 … 4 자기 자신은 광야로 들어가 하룻길쯤 가서 한 로뎀 나무 아래에 앉아서 자기가 죽기를 원하여 이르되 여호와여 넉넉하오니 지금 내 생명을 거두시옵소서 나는 내 조상들보다 낫지 못하니이다 하고 5 로뎀 나무 아래에 누워 자더니 천사가 그를 어루만지며 그에게 이르되 일어나서 먹으라 하는지라 … 8 이에 일어나 먹고 마시고 그 음식물의 힘을 의지하여 사십 주 사십 야를 가서 하나님의 산 호렙에 이르니라 … 18 그러나 내가 이스라엘 가운데에 칠천 명을 남기리니 다 바알에게 무릎을 꿇지 아니하고 다 바알에게 입맞추지 아니한 자니라

J E S U S   S T A R T

CHAPTER 07

죽음과
삶의 기로에서

엘리야는 북이스라엘이 가장 타락했을 때 하나님의 부름을 받은 선지자입니다. 당시 열렬히 우상을 숭배하던 아합 왕과 이세벨에 대한 하나님의 경고로 이스라엘에는 3년 6개월간 비가 내리지 않았습니다. 엘리야가 아합 왕에게 하나님의 이 같은 심판을 선포했지요. 심판이었지만 하나님의 놀라운 기적이었습니다.

엘리야는 하나님의 이끄심에 따라 그릿 시냇가에서 물을 마시고 하나님이 베푸시는 음식을 먹으며 생명을 이어가다가 사르밧 과부의 집으로 가게 됩니다. 그리고 그곳에 거하면서 두 가지 큰 기적을 베풉니다. 가뭄이 끝나기까지 그 집에 음식이 떨어지지 않게 한 것과 사르밧 과부의 죽은 아들을 살리는 기적이었습니다. 정말이지 놀라운 하나님의 능력이 엘리야를 통해 일어난 것이지요.

위대한 하나님의 사람 엘리야

그뿐만이 아닙니다. 엘리야는 우상 숭배의 본거지인 갈멜산에서 혼자의 몸으로 당시 국가적으로 키운 바알의 선지자 450명과 영적 대결을 벌여 승리했습니다. 영적 전투의 승리 조건은 각자 자신의 신에게 기도하여 불로 응답을 받는 것이었습니다. 바알의 선지자들이 먼저 하늘을 향해 기도했습니다. 하지만 바알의 선지자들이 아무리 기도해도 하늘에선 묵묵부답이었습니다.

이제 엘리야의 차례입니다. 엘리야는 제단의 제물과 나무 위에 물을 붓고는 하늘에서 불이 내려오기를 기도했습니다. 그러자 하나님께서는 엘리야의 기도에 응답하셔서 불을 내려주셨고, 그 불은 제물은 물론이며 나무와 돌과 흙, 그리고 도랑에 흐르던 물까지 다 태웠습니다. 그리고 엘리야는 바알의 선지자를 모두 처단했습니다.

또 엘리야가 하나님의 말씀에 의지하여 기도하자 3년 6개월이나 비가 오지 않았던 역사를 뒤로 하고 하나님께서 비를 내려주셨습니다. 죽은 자를 살리시며, 한날에 하늘에서 불을 내려주시고 또 비를 내려주시는 하나님! 엘리야는 이 놀라운 하나님의 능력을 몸소 체험했습니다.

그런데 놀라운 반전이 있습니다.

순식간에 겁쟁이가 되어버린 엘리야

아합은, 엘리야가 한 모든 일과, 그가 칼로 모든 예언자들을 죽인 일을, 낱낱이 이세벨에게 알려주었다. 열왕기상 19:1, 새번역

아합은 왕이었지만, 허수아비에 불과했습니다. 진짜 무서운 사람은 그의 아내인 악녀 이세벨이었지요. 이세벨은 무슨 이유에서인지 갈멜산 전투에 나오지 않았지만, 아합이 갈멜산에서 있었던 모든 일을 왕비인 이세벨에게 다 말해주었습니다.

그런데 이세벨의 반응이 심상치 않았습니다.

그러자 이세벨은 엘리야에게 심부름꾼을 보내어 말하였다. "네가 예언자들을 죽였으니, 나도 너를 죽이겠다. 내가 내일 이맘때까지 너를 죽이지 못하면, 신들에게서 천벌을 달게 받겠다. 아니, 그보다 더한 재앙이라도 그대로 받겠다." 열왕기상 19:2, 새번역

보통 하늘에서 불을 내리고 비를 내린 이야기를 들으면 두려워 떠는 것이 정상인데, 이세벨은 분노했습니다. 그리고 엘리야에게 사람을 보내어 반드시 죽이겠다고 겁박했습니다. 아예 시간까지 정해놓고 내일 이맘때까지 반드시 죽이겠다고 합니

다. 자기가 믿는 신의 이름을 걸고 맹세까지 하면서 말입니다.

그런데 이때 우리를 아주 당황하게 하는 사건이 벌어집니다.

> 엘리야는 두려워서 급히 일어나, 목숨을 살리려고 도망하여, 유다
> 의 브엘세바로 갔다. 그 곳에 자기 시종을 남겨 두고,
>
> **열왕기상 19:3, 새번역**

엘리야가 얼마나 대단한 사람입니까? 하나님의 능력에 힘입
어 죽은 자를 살리기도 하고, 한날에 불과 물의 기적을 일으켰
습니다. 훗날의 일이긴 하지만 엘리야는 죽음을 보지 않고 하
늘로 올라간 사람이기도 합니다. 성경에서 죽음을 보지 않은
사람은 에녹과 엘리야밖에 없습니다.

그런 천하의 엘리야가 이세벨의 협박이 두려워서 도망을 친
것입니다. 그리고 죽고 싶다며 자신을 죽여달라고 하나님께
기도까지 합니다. 너무나 당황스러운 장면입니다.

> 자신은 홀로 광야로 들어가서, 하룻길을 더 걸어 어떤 로뎀 나무
> 아래로 가서, 거기에 앉아서, 죽기를 간청하며 기도하였다. "주님,
> 이제는 더 바랄 것이 없습니다. 나의 목숨을 거두어 주십시오. …
>
> **열왕기상 19:4, 새번역**

죽고 싶을 만큼 힘들 때

우리도 살다 보면 죽고 싶다는 생각이 들 만큼 힘들 때가 있습니다. 보통은 주변 상황이 어려워지고 살아갈 소망이 끊어질 때 죽고 싶다는 생각을 합니다. 그런데 지금 엘리야의 상황은 반대입니다. 이세벨의 협박이 있긴 했지만, 그는 하나님의 사람으로서 위대한 일을 하고 난 후에 죽고 싶다는 생각을 한 것입니다. 가장 정점에 올라갔을 때, 놀라운 승리를 거두고 위대한 기적을 맛본 그 순간에, 그는 하나님 앞에 죽기를 간구했습니다.

이 사건은 우리에게 큰 교훈을 줍니다. 아무리 위대한 일을 많이 해내고, 가진 것이 많고, 큰 성공을 거두었다 할지라도 우울과 탈진과 절망 앞에선 다 연약하다는 사실입니다.

많이 알려져 있다시피 대한민국은 세계적으로 인구 대비 자살률이 가장 높은 나라 중 하나입니다. 또 청소년들의 자살률도 가장 높은 나라입니다. 죽고 싶다는 생각이 한반도를 뒤덮고 있는 것 같습니다. 이것이 지금 우리나라의 극한 현실입니다. 국가 경제는 좋아졌지만, 국민 대다수가 행복하지 않다고 느끼고 있습니다.

너나 할 것 없이 정말 많은 사람이 죽고 싶다는 생각을 하는 게 우리의 현실인데, 그렇다면 죽고 싶을 만큼 마음이 어려울

때, 상황이 힘들 때, 깊은 절망 속에서 헤어나오기 힘들 때 우리는 어떻게 해야할까요?

깊은 절망으로 하나님 앞에서 죽기를 구했던 엘리야가 어떻게 그 위기를 벗어났는지를 보면서, 죽고 싶을 만큼 힘든 삶의 위기가 다가올 때 우리가 어떻게 해야 할지를 함께 살펴 봅시다.

잠시 멈추어 생각하라

죽고 싶다는 생각이 들 땐 가장 먼저 잠시 멈추어 생각해야 합니다. 우선은 죽고 싶을 만큼 힘든 그 상황에서 나를 떨어뜨려 놓고 쉬어가는 것이 필요합니다. 나를 힘들게 하는 그 상황에서 나를 분리하려는 노력이 굉장히 필요합니다.

엘리야는 두려운 마음을 가지고 일단 도망쳤습니다. 잘한 일입니다. 죽고 싶은 생각이 든다면 상황이 심각한 만큼 그 상황에서 일단 빠져 나오는 것이 급선무입니다.

엘리야는 두려워서 급히 일어나, 목숨을 살리려고 도망하여, …

열왕기상 19:3, 새번역

엘리야는 인간의 능력을 뛰어넘는 가장 놀라운 기적들을 행했지만, 그는 영적으로나 육적으로 완전히 탈진해 있었습니다. 탈진이 문제입니다. 승리나 성공이 문제가 아니라 정상에 올라가기 위해 모든 에너지를 다 소비한 후, 그때가 문제입니다. 엘리야는 모든 것을 다 쏟아부었습니다. 갈멜산의 영적 전투에서, 그리고 비를 내리기 위한 필살의 기도에서 그는 남아 있는 모든 에너지를 다 소진했습니다. 그리고 어떤 현상이 일어났나요?

자신은 홀로 광야로 들어가서, 하룻길을 더 걸어 어떤 로뎀 나무 아래로 가서, 거기에 앉아서, 죽기를 간청하며 기도하였다. "주님, 이제는 더 바랄 것이 없습니다. 나의 목숨을 거두어 주십시오. …

열왕기상 19:4, 새번역

엘리야는 승리고 성공이고 뭐고, 지금 너무 지쳐서 그저 죽고 싶었습니다. 그래서 하나님께 죽기를 간청한 것입니다. 그런데 여기서 우리는 이것을 기억해야 합니다. 바로 죽고 싶은 사람만큼 간절히 살고 싶은 사람은 없다는 점입니다. 죽고 싶은 사람은 정말 살고 싶은 것입니다.

죽고 싶은 사람만큼 삶과 현실에 대해 진지하게 생각해본 사람은 없습니다. 그렇게 치열하게 삶에 대해 고민하고 생각하다가 마지막까지 살아야 할 이유를 찾지 못한 사람이 결국 자신을 진짜로 죽음으로 내몰고 마는 것입니다.

엘리야는 일단 도망을 감으로써 자신을 두렵게 한 그 상황에서 멀어졌습니다. 그리고 쉬었습니다.

그런 다음에, 그는 로뎀 나무 아래에 누워서 잠이 들었는데, …

열왕기상 19:5, 새번역

그때는 정상적인 생각을 할 수 없는 상태이기 때문에 모든 판단을 보류하고 일단은 그 상황에서 멀어진 후에 잠시 쉬어야 합니다.

하나님께 따져보아라

죽고 싶다는 생각이 들면 어딘가에 하소연을 해야 합니다. 그냥 죽는다면 너무 억울하지 않나요? 누군가에게 따지고 하소연도 해보아야 하지 않을까요? 하나님께 항변해봐야 합니다. 많은 고통을 당했던 성경 인물인 욥도 하나님께 따졌습니다.

죽고 싶다는 것은 지금 사방이 다 막혀 있다는 것입니다. 소통할 사람이 없다는 것이지요. 내가 살아가야 할 이유를 어느 한 사람에게서라도 찾을 수 있다면 다시 일어나련만, 그런 사람을 못 찾으니 죽고자 하는 것입니다.

이럴 때 하늘을 바라보아야 합니다. 사방이 막힌 것 같고 욱여쌈을 당한 것 같다면 하늘을 쳐다보아야 합니다. 하나님께 자신의 처지를 숨김없이 아뢰는 것입니다. 모든 것을 이해하시는 하나님 앞에서는 나를 포장할 필요가 없습니다. 하늘의 통로를 열어놓으신 분을 바라보고 그분께 하소연하십시오.

자신은 홀로 광야로 들어가서, 하룻길을 더 걸어 어떤 로뎀 나무 아래로 가서, 거기에 앉아서, 죽기를 간청하며 기도하였다. "주님, 이제는 더 바랄 것이 없습니다. 나의 목숨을 거두어 주십시오. 나는 내 조상보다 조금도 나을 것이 없습니다." 열왕기상 19:4, 새번역

엘리야는 자기 사환도 물리고, 유대 광야 한복판에 들어가서 로뎀 나무 아래에 몸을 기대어 자기를 죽여달라고 하나님께 하소연합니다. 로뎀 나무는 키가 2,3미터밖에 안 되는 작은 나무입니다. 나무 그늘이 그리 넓지 않습니다. 그런 나무에 몸을 기대고 지금이 딱 죽을 때라며, 지금 자기 생명을 가져가달라고 합니다. 완전히 탈진한 모습으로 말입니다. 천하의 기적을 일으킨 사람일지라도 사람은 사람입니다.

엘리야는 조상들과 자신을 비교합니다. 사람이 탈진하게 되면, 다른 사람과 자기 자신을 비교하곤 합니다. 비교는 강한 열등감을 불러일으키지요. 아무리 다 가진 사람이라도 다른 사람과 비교하다 보면 자기 자신이 무능해 보이고 부족해 보이는 법입니다.

사람은 아무리 강하다 해도 연약한 순간이 반드시 옵니다. 그때는 하늘을 바라봐야 할 때입니다. 그러면 이 순간이 오히려 기회가 됩니다.

"나의 끝이 하나님의 시작이다."

이것이 우리 인생의 교훈이 되어야 합니다. 죽고 싶다는 생각이 들 때, 하늘을 바라보고, 우주를 만드신 하나님께 나의 모든 상황을 솔직하고 시원하게 쏟아부어 보세요. 죽기 전에 하나님께 따져보기도 하고, 화도 내보세요. 다른 사람은 몰라도 하나님은 우리의 상황을 다 보고 계시고, 듣고 계십니다.

하나님의 위로를 받아라

그런 다음에, 그는 로뎀 나무 아래에 누워서 잠이 들었는데, 그 때에 한 천사가, 일어나서 먹으라고 하면서, 그를 깨웠다.

열왕기상 19:5, 새번역

엘리야는 죽겠다고 생떼를 부리다가 로뎀 나무 아래에서 잠들었습니다. 그리고 그때 하나님이 보내주신 천사가 엘리야를 어루만졌습니다.

여기서 '어루만진다'라는 히브리어는 일회성이 아닌 반복적인 뜻을 나타냅니다. 엘리야가 힘을 얻을 때까지 하나님께서 계속해서 반복적으로 엘리야를 어루만지셨다는 것입니다. 마음이 상하고 낙담하여 절망 가운데서 항변하고 있는 엘리야를 하나님은 계속해서 위로해주셨습니다.

그리고 그 다음엔 어떤 일이 일어났나요?

엘리야가 깨어 보니, 그의 머리맡에는 뜨겁게 달군 돌에다가 구워 낸 과자와 물 한 병이 놓여 있었다. 그는 먹고 마신 뒤에, 다시 잠이 들었다. 열왕기상 19:6, 새번역

엘리야는 지난 며칠 동안 영적 전쟁을 하느라 먹지도 마시지도 쉬지도 못한 상태였습니다. 이것을 잘 아시는 하나님께서는 엘리야를 먹이시고 위로해주셨습니다. 하나님의 아들도 그러셨습니다. 자신을 배반하고 도망친 후 낙담한 제자들을 찾아가서 먹이시고 위로하셨습니다.

엘리야는 하나님이 준비하신 떡과 물을 먹고 마셨습니다. 그리고 다시 잠들었습니다. 죽고 싶은데 살고 싶은 것입니다.

죽고 싶은 만큼 살고 싶은 것입니다. 하나님께서는 또 위로하십니다.

주님의 천사가 두 번째 와서, 그를 깨우면서 말하였다. "일어나서 먹어라. 갈 길이 아직도 많이 남았다." 열왕기상 19:7, 새번역

하나님께서 친히 걱정도 해주십니다. "네가 갈 길을 다 가지 못할까" 염려해주시고, 고민해주시고, 툭툭 치시며 일으켜주시고, 위로하십니다.

하늘을 향해 울부짖는 사람에게는 어떤 경로를 통해서든 하나님의 위로하심이 전달됩니다. 하나님은 상처를 싸매시고, 위로하시고, 축복하시기로 작정하신 분입니다. 하나님의 그 위로와 축복을 받을 것인지, 안 받을 것인지는 나의 선택에 달렸습니다.

죽기살기로 결단하라

이대로 이것도 저것도 아닌 채로 살 수는 없지 않습니까? 죽기살기로 결단해야 하는 순간이 있어야 합니다. 지금까지 나눈 것처럼 문제 상황에서 잠시 떨어져 쉬고 하나님의 위로를

받았다면, 이제 제대로 된 선택을 할 힘이 생겼을 것입니다. 선택은 나의 문제입니다. 그리고 그 선택의 책임 또한 내가 져야 합니다. 이 길과 저 길 사이에서, 특별히 삶과 죽음의 기로에 섰을 때는 더욱 그렇습니다. 엘리야는 결정합니다.

> 엘리야는 일어나서, 먹고 마셨다. 그 음식을 먹고, 힘을 얻어서, 밤낮 사십 일 동안을 걸어, 하나님의 산인 호렙 산에 도착하였다.
>
> 열왕기상 19:8, 새번역

하나님의 지속적인 보살핌과 어루만지심과 위로하심으로 엘리야는 힘을 얻었습니다. 그리고 무려 사십 일을 하나님의 산 호렙으로 달려갔습니다. 호렙은 시내산의 또 다른 이름입니다. 모세가 하나님을 만났던 곳, '하나님의 산'이라고 불리는 곳이지요. 엘리야는 예배의 자리로 달려가기로 결단한 것입니다.

오늘날 우리는 모두 선택의 기로에 놓였습니다. 엘리야가 하나님의 산으로 달려간 것처럼, 우리 또한 죽을 것 같은 상황이라도 하나님을 만나러 예배의 자리로 나아가길 바랍니다.

죽고 싶은 원인을 찾아보라

죽고 싶다는 생각이 들 때, 그 원인을 깊이 생각해봐야 합니다. 그 힘든 상황과 시간과 사람들에게서 자신을 분리하고 쉬고 먹었으면, 이제 기도하고 생각하면서 내가 왜 죽고 싶은지 그 원인을 깊이 찾아보아야 합니다. 눈에 보이는 뻔한 원인을 찾으라는 것이 아닙니다.

잘 생각해보세요. 나를 힘들게 하는 그 사람 때문에 죽고 싶은 게 아닙니다. 내가 그렇게 싫어하는 그 사람 때문에 내가 죽으면 누구의 손해입니까? 그 사람이 나를 미워하고 힘들게 할수록 나는 잘 먹고 잘 살아야 하지 않나요? 돈 천만 원이 없어서 죽고 싶은 게 아닙니다. 내가 천만 원보다 못한 존재인가요? 이런 눈에 보이는 원인 말고 진짜 근본적인 원인을 찾아야 합니다.

엘리야는 거기에 있는 동굴에 이르러, 거기에서 밤을 지냈다. 그때에 주님께서 그에게 말씀하셨다. "엘리야야, 너는 여기에서 무엇을 하고 있느냐?" 엘리야가 대답하였다. "나는 이제까지 주 만군의 하나님만 열정적으로 섬겼습니다. 그러나 이스라엘 자손은 주님과 맺은 언약을 버리고, 주님의 제단을 헐었으며, 주님의 예언자들을 칼로 쳐서 죽였습니다. 이제 나만 홀로 남아 있는데, 그들은

내 목숨마저도 없애려고 찾고 있습니다." 열왕기상 19:9,10, 새번역

엘리야는 자기가 하나님을 열정적으로 섬겨 '나만 남았다'고
합니다. 그런데 갈멜산 영적 전투 당시에도 엘리야는 백성들에
게 똑같은 말을 했습니다.

그래서 엘리야는 백성들에게 다시 이렇게 말하였다. "주님의 예언

자라고는 나만 홀로 남았습니다. 그런데 바알의 예언자는 사백쉰

명이나 됩니다." 열왕기상 18:22, 새번역

엘리야는 악에 대항하여 자기 혼자만 남았다고 계속해서 고
백합니다.
　죽음을 결심하는 사람들은 다 '나만 혼자'라는 생각에 사로
잡힙니다. 혼자 남겨졌다는 생각은 내가 최악이라는 생각으로
이어집니다. 사탄은 나만 홀로 남았다고, 내가 최악이라고 생
각하도록 우리를 지배하려고 합니다. 그러나 내가 놓인 상황
이 정말 최악인가요?
　오래 전에 미국에서 이민 교회를 목회할 때, 친구 목회자를
잃은 적이 있습니다. 간질을 앓았는데 갑자기 발작을 일으켜
심장마비로 세상을 떠난 것입니다. 발작을 일으키면 옆에서 누
군가 깨워줘야 하는데, 당시 그의 옆에는 아무도 없었습니다.

사모님은 심장판막 수술 때문에 병원에 있었고, 아들은 정신지체를 앓고 있었습니다.

평소에도 신장 투석을 해야 할 만큼 건강이 안 좋은 사모님은 갑자기 남편을 잃고 정신지체인 아들을 홀로 키워야 하는 상황에 맞닥뜨렸습니다.

이 목회자 가정이야말로 최악의 상황 아닌가요? 정말로 최악의 상황에 놓인 사람들은 많습니다. 그런데 그들은 하나님께 항변하고 따지는 순간은 있었지만, 하나님을 떠나지 않았습니다.

오히려 그 최악의 상황 속에서 하나님을 깊이 만나 새롭게 시작하게 되는 기회를 만듭니다. 최악의 상황 속에서 하나님을 깊이 만나 그들의 이야기를 통해 다른 사람을 위로하고 격려하며 죽고 싶은 사람들에게 소망을 주는 역사가 있었습니다.

나는 최악이 아닙니다. 그리고 나만 혼자도 아닙니다. 엘리야에게는 영적, 육적인 탈진의 문제도 있었지만, 진짜 문제는 그의 마음에 있던 교만이었습니다. 이 교만이 탈진을 가속화한 것입니다.

엘리야는 하나님께 고백하면서 두 번이나 연거푸 자기의 열심과 헌신은 가장 특별하며 하나님의 사람 중에 자기만 살아남았다고 합니다. 열왕기상 19장 10절과 14절을 봅시다.

엘리야가 대답하였다. "나는 이제까지 주 만군의 하나님만 열정적으로 섬겼습니다. 그러나 이스라엘 자손은 주님과 맺은 언약을 버리고, 주님의 제단을 헐었으며, 주님의 예언자들을 칼로 쳐서 죽였습니다. 이제 나만 홀로 남아 있는데, 그들은 내 목숨마저도 없애려고 찾고 있습니다." 열왕기상 19:10, 새번역

엘리야가 대답하였다. "나는 이제까지 주 만군의 하나님만 열정적으로 섬겼습니다. 그러나 이스라엘 자손은 주님과 맺은 언약을 버리고, 주님의 제단을 헐었으며, 주님의 예언자들을 칼로 쳐죽였습니다. 이제 나만 홀로 남아 있는데, 그들은 내 목숨마저도 없애려고 찾고 있습니다." 열왕기상 19:14, 새번역

엘리야는 자기만 살아남았다고 똑같은 이야기를 반복해서 합니다. 그리고 그의 말에는 '나'라는 말이 많습니다. 모든 초점이 자기중심적이란 말입니다. 엘리야의 이야기 속으로 깊이 들어가보면 결국 '자기가 최고'란 것입니다.

이렇게 놀랍도록 위대하게 하나님께 쓰임 받은 사람도 마음에 교만이 있을 수 있습니다. '나만'이라는 교만입니다. '나만' 최선을 다하고, '나만' 하나님의 사람이라고 생각하는 것입니다. 그러니 탈진하는 것입니다.

교만은 우월감으로 이어지고, 우월감은 열등감에서 비롯됩

니다. '나만 혼자'라는 생각이 그 사람을 지배할 수 있도록 사탄은 계속 그쪽으로 몰고 갑니다.

야고보서는 엘리야가 우리와 성정이 같은 일반 사람이지만, 믿음의 기도로 이처럼 엄청난 기적을 일으킬 수 있었다는 것을 강조했습니다. 맞는 말입니다. 그런데 또한 그렇기 때문에 역설적으로 이야기하면, 인간은 자기 자신에게 영광을 돌려선 안 됩니다. 인간은 인간일 뿐입니다. 인간은 자신의 처지를 잘 알 때에만 비로소 상황 속에서 벗어날 수 있습니다. 하나님께서는 엘리야에게 그것을 깨우쳐주십니다.

> 엘리야는 거기에 있는 동굴에 이르러, 거기에서 밤을 지냈다. 그 때에 주님께서 그에게 말씀하셨다. "엘리야야, 너는 여기에서 무엇을 하고 있느냐?" … 엘리야는 그 소리를 듣고서, 외투 자락으로 얼굴을 감싸고 나가서, 동굴 어귀에 섰다. 바로 그 때에 그에게 소리가 들려 왔다. "엘리야야, 너는 여기에서 무엇을 하고 있느냐?"
>
> **열왕기상 19:9,13, 새번역**

"너는 여기에서 무엇을 하고 있느냐?"

하나님께서는 죽고 싶어 하는 모든 사람에게 이렇게 물으십니다. 이 질문은 '너는 여기에서 무엇을 하고 있느냐? 너는 어디서 왔느냐? 너를 만드신 분은 누구냐? 너의 인생의 목적은 무엇이냐? 너는 어디로 가고 있느냐?'라고 하는 존재론적이고 본질적인 질문입니다.

우리는 이런 근본적인 질문을 통해 눈에 보이는 가시적인 문제를 이길 수 있습니다. 눈에 보이는 것은 빙산의 일각입니다. 수면 아래의 근본적인 문제가 해결되면, 신기하게도 인간은 다시 죽기 살기로 살아갑니다. 죽음까지 생각했던 사람이 다시 일어나면 죽기 살기로 살아갑니다. 죽고 싶었던 마음이면 다시 못 살 것도 없기 때문입니다.

감사할 것들을 생각해보라

하나님께서 엘리야에게 하나님 앞에 서라고 하십니다.

주님께서 말씀하셨다. "이제 곧 나 주가 지나갈 것이니, 너는 나가서, 산 위에, 주 앞에 서 있어라." 크고 강한 바람이 주님 앞에서 산을 쪼개고, 바위를 부수었으나, 그 바람 속에 주님께서 계시지 않았다. 그 바람이 지나가고 난 뒤에 지진이 일었지만, 그 지진 속에도 주님께서 계시지 않았다. 지진이 지나가고 난 뒤에 불이 났지만, 그 불 속에도 주님께서 계시지 않았다. 그 불이 난 뒤에, 부드럽고 조용한 소리가 들렸다. 엘리야는 그 소리를 듣고서, 외투 자락으로 얼굴을 감싸고 나가서, 동굴 어귀에 섰다. 바로 그 때에 그에게 소리가 들려 왔다. "엘리야야, 너는 여기에서 무엇을 하고 있느냐?" **열왕기상 19:11-13, 새번역**

하나님은 엘리야에게 앞에 서라고 하시고 그 앞을 지나가십니다. 하나님이 지나가시자 크고 강한 바람이 산을 가르고 바위를 부숩니다. 바람 후에 지진이 일어나고, 지진 후에 불이 일어납니다. 그러나 성경은 거기에 하나님이 계시지 않았다고 말씀합니다.

삶에 있어서 기적은 기적일 뿐입니다. 죽은 사람이 다시 살아나도 나이 들면 결국 다시 죽을 것입니다. 기적 중의 기적은, 기적을 일으키는 주체이신 하나님을 만나는 것입니다.

바람만 보고 바람만 중요시하고, 불만 보고 불만 중요시하며, 기적이 일어난 현상만 중요시하다가는 그 기적을 일으키신 분이 누구인지, 이제까지 나를 살게 하신 분이 누구인지, 이제까지 나를 이끄신 분이 누구인지를 잊어버릴 수밖에 없습니다.

엘리야가 모든 승리 속에서 놓쳤던 부분이 바로 이것입니다. 그는 자신과 함께하시는 하나님께 감사하지 못했습니다. 자신을 세우시고, 이끄시고, 훈련시키시며, 자신에게 기적을 부어주신 분이 하나님이시란 사실을 잊어버렸을 때, 그는 죽고 싶어 했습니다.

삶에서 감사가 빠지면 행복과 기쁨이 사라집니다. 누구나 할 수 있지만 그럼에도 어려운 것이 감사이지요. 그래서 감사는 능력입니다. 최악의 상황에서 감사할 수 있는 것은 능력입니다.

하나님은 불과 지진이 아니라 세미한 음성으로 엘리야에게 다가오셨습니다. 그리고 엘리야가 인생 가운데 감당해야 할 사명에 대하여 말씀하십니다.

주님께서 그에게 말씀하셨다. "너는 돌이켜, 광야길로 해서 다마스쿠스로 가거라. 거기에 이르거든, 하사엘에게 기름을 부어서, 시리아의 왕으로 세우고," 열왕기상 19:15, 새번역

"너는 네 길을 돌이켜"라고 말씀하십니다. '나의 길'(My Way)은 결국 죽음의 길입니다. '그분의 길'(His Way), 곧 이 땅에 우리를 보내신 하나님의 길만이 우리가 소생하는 생명의 길입니다.

하나님께서는 우리의 인생을 이끌어 가시는 창조주시요, 구원자이십니다. 이것은 좋은 환경 속에서뿐만 아니라 가장 끔찍한 환경 속에서도 마찬가지입니다. 하나님은 엘리야에게 결정적인 한 방을 날리십니다.

"그러나 나는 이스라엘에 칠천 명을 남겨 놓을 터인데, 그들은 모두 바알에게 무릎을 꿇지도 아니하고, 입을 맞추지도 아니한 사람이다." 열왕기상 19:18, 새번역

하나님께 반역했던 이스라엘이지만, 하나님은 엘리야 말고도 바알이라는 우상에 무릎 꿇지 않은 7천 명을 남겨 놓으셨다고 하십니다.

우리는 인생을 착각할 때가 많습니다. 나에게는 능력이 없습니다. 내가 나의 인생을 선택해서 이 땅에 태어난 것이 아닙니다. 태어난 날도 선택할 수 없는 인간일진대 가는 날도 선택해서는 안 됩니다. 아무리 힘든 인생이라도 하나님의 뜻이 있습니다. 오히려 더 큰 뜻이 있습니다. 고난이 큰 만큼 하나님의 특별한 사랑과 은혜가 있다는 사실을 맛볼 수 있어야 합니다.

눈으로 보기에는 아무리 비참한 환경 가운데 있다 할지라도 감사할 것들을 찾을 수 있습니다. 억울한 누명을 쓰고 감옥에 갇힌 죄수라도 그날 주어지는 한 조각의 음식에 감사할 수 있습니다. 감사할 것들을 찾아보세요. 감사해보세요. 감사가 능력이 됩니다. 하나님은 당신의 삶에 보이지 않는 7천 명을 남겨두셨습니다.

죽고 싶어질 때 기억하라

그리고 쉴 수 없고, 여유가 없고, 고통스럽고, 최악의 상황인 것 같은 우리에게 참된 안식을 주시는 분이 계십니다. 그분을 소개하고 싶습니다.

하나님의 아들이신 예수님도 십자가 죽음을 앞두시고 하나님 앞에 기도하셨습니다. 예수님이 맞닥뜨려야 했던 죽음은 우리의 죄를 대신하는 죽음이었고, 우리의 두려움을 대신하는 죽음이었습니다.

그분도 십자가의 고난이 너무도 감당하기 힘드셔서 "나의 아버지, 하실 수만 있으시면, 이 잔을 내게서 지나가게 해주십시오"라고 간절히 기도하셨습니다. 그러나 결국 "그러나 내 뜻대로 하지 마시고, 아버지의 뜻대로 해주십시오"라고 하셨지요. 육신의 몸을 입고 이 땅에 오신 예수님은 너무 힘들고 너무 고통스러웠지만 인간이 따를 수 있는 최고의 모범을 보여주셨습니다.

죽고 싶을 만큼 힘들 때 우리가 기억해야 하는 것은, 예수님은 우리가 겪는 모든 고난과 상황을 직접 겪으신 분이란 사실입니다. 신약성경의 히브리서 4장 15절은 다음과 같이 이야기합니다.

우리의 대제사장은 우리의 연약함을 동정하지 못하시는 분이 아닙니다. 그는 모든 점에서 우리와 마찬가지로 시험을 받으셨지만, 죄는 없으십니다. 히브리서 4:15, 새번역

예수님께서 알지 못할 고난은 없습니다. 영국의 청교도 신학자 리처드 백스터(Richard Baxter)는 이런 말을 했습니다.

"예수님은 당신 스스로 지나신 곳보다 더 어두운 곳으로 나를 인도하시지는 않는다."

예수님은 내가 겪은 모든 고난을 다 짊어지시고 십자가에서 돌아가셨습니다. 그러니 그분을 바라보라는 말입니다.

정말 죽고 싶다는 생각이 들 때, 죽을 만큼 힘들 때, 이것을 기억하세요. 성경에도 죽고 싶다고 하나님께 외친 사람들이 많습니다. 엘리야도, 모세도, 예레미야도, 이사야도 사도 바울도, 그리고 예수님까지도 그러셨습니다. 그러니까 괜찮습니다. 엘리야를 어루만지신 하나님의 손길이 우리의 마음과 생각과 몸을 만지십니다. 시간적으로, 공간적으로 제한되어 있을지라도, 아주 짧은 시간이라도 하나님께서 다독이시고 어루만지십니다.

극심한 고난 가운데 하나님을 깊이 만나야 합니다. 하나님의 세미한 음성을 들어야 합니다. 그러면 내 삶에 숨겨진 하나님의 선물과도 같은 남겨진 7천 명을 발견할 수 있습니다. 하

나님께 죽고 싶다고, 그래서 살고 싶다고 고백하세요. 하나님 안에서 살아갈 수 있습니다.

죽고 싶은 이 심정으로 사방이 막힌 현실을 보지 말고 하늘을 바라보세요. 나를 위해 죽으신 예수님이 보일 것입니다. 그분으로 말미암아 하나님 안에서 살아갈 수 있습니다. 그분을 붙잡으세요. 지금이 그분을 만날 때이고, 붙잡을 때입니다.

JESUS

3부

사랑,
누리고
나누어야 할 감격

START

요한복음 3:16 하나님이 세상을 이처럼 사랑하사 독생자를 주셨으니 이는 그를 믿는 자마다 멸망하지 않고 영생을 얻게 하려 하심이라

JESUS START

CHAPTER 08

가장 위대한 사랑이
있습니다

대중에게 '넬라 판타지아'라는 곡으로 더 유명한 영화 〈미션〉(The Mission)은, 18세기에 아르헨티나와 파라과이, 브라질 국경에서 있었던 역사적 실화를 바탕으로 한 감동적인 영화입니다. 이 영화의 주인공인 로드리고 멘도자는 과라니족 원주민들을 사냥하고 잡아서 팔아넘기며 부를 축적하던 인간 노예 사냥꾼이었습니다. 그리고 또 다른 주인공 가브리엘은 호전적인 과라니족에게 복음을 증거하고 그들을 보호하기 위해 생명을 건 선교사입니다.

이 영화는 거대한 이구아수 폭포에서 나무 십자가에 매달려 떨어져 순교하는 가브리엘의 동료 선교사 이야기로 시작됩니다. 동료 선교사의 순교에도 불구하고 가브리엘 선교사는 죽음을 두려워하지 않고, 이구아수 폭포를 올라가 과라니족에게 예수님의 사랑을 전합니다. 그리고 마침내 과라니족은 예수님을 만나게 됩니다.

한편 원주민 사냥꾼인 멘도자는 한 여자를 사이에 두고 자기 동생과 싸움을 벌이다가 결국 동생을 죽이게 됩니다. 멘도자는 죄책감으로 식음을 전폐하고 죽음을 결심했습니다. 그러나 그때 가브리엘 선교사가 감옥에 있는 멘도자에게 과거의 삶을 하나님 앞에 회개하고 과라니족에게 가서 용서를 구하라고 설득합니다.

멘도자는 이 제안을 받아들입니다. 그는 그동안 노에 사냥에 사용했던 총과 칼 등의 모든 장비를 한 꾸러미로 만들어 등에 지고, 가파른 이구아수 폭포 절벽을 힘겹게 올라갑니다. 그것은 자신을 죄를 뉘우치기 위해 스스로 선택한 고행이었습니다.

빈 몸으로 올라가도 간신히 올라갈 법한 그 가파른 절벽을, 멘도자는 그동안 자신이 저질렀던 죄의 상징인 온갖 무기들을 등에 짊어지고 죽음을 무릅쓰고 올라갑니다.

삶에 대한 근본적인 질문

영적으로 본다면 그가 등에 짊어진 그 그물 안에는 자신의 야망, 욕심, 탐욕, 살인, 자책감, 인생에 대한 절망, 후회 등이 들어 있는 것입니다.

우리의 삶을 주의 깊게 보면, 누구도 해결해 줄 수 없는 인생의 문제들을 한껏 등에 지고 힘들게 씨름하는 우리의 모습을 발견하게 됩니다.

몇 해 전, 미국 복음성가 중에서 젊은 세대들이 가장 많이 부른 곡 중에 〈Lose My Soul〉(내 영혼을 잃다)이라는 곡이 있습니다. 가사의 내용은 '나는 세상을 다 갖는다 해도 나 자신을 잃어버리기는 싫다'라는 뜻인데, 그것은 가장 비참하고 바보 같은 일이라는 메시지입니다.

요한복음 3장에 등장하는 니고데모가 그런 사람이었습니다. 그는 당시 이스라엘 최고의 기관인 산헤드린 공회의 종교 국회의원이요, 막강한 권력을 가진 바리새인이었습니다. 이스라엘 사람이라면 누구나 부러워할 부와 권세를 가진, 남부러울 것 없는 사람이었습니다. 그런데 정작 니고데모는 세상은 다 얻었는데, 자기 자신을 잃어버린 듯한 느낌을 지울 수가 없었습니다.

그래서 그는 밤에 예수님을 찾아갔습니다. 그리고 도대체 어떻게 하면 영생을 얻을 수 있는지를 물었습니다. 이것은 사실 굉장히 놀라운 일입니다. 왜냐하면 예수님도 지적하신 부분인데, 니고데모 자신이 이런 것을 가르치고 확신을 심어주는 이스라엘의 선생이었기 때문입니다. 그런데 정작 자기 자신이 스스로가 누구인지, 어디서 왔는지, 인생은 어디를 향해서 가고 있는지, 죽음 후에는 무슨 일이 벌어지는지에 대한 답을 찾지 못하고 있었습니다. 그래서 그는 영생을 얻는 법을 질문한 것입니다.

그런 니고데모에게 예수님은 이렇게 말씀하셨습니다.

하나님이 세상을 이처럼 사랑하사 독생자를 주셨으니 이는 그를 믿는 자마다 멸망하지 않고 영생을 얻게 하려 하심이라

요한복음 3:16, 개역개정

이 말씀이 무슨 의미일까요?

하나님이 세상을 이처럼 사랑하사

예수님은 인생의 절망과 회의 가운데 있는 니고데모에게 '사랑'이란 단어를 던져주셨습니다. 하나님이 세상을 사랑하셨다고 합니다. 그 말씀은 곧 하나님이 니고데모를 사랑하신다는 말씀과도 같습니다. 인생의 회의와 절망과 깊은 신음 가운데 있는 니고데모에게 사랑이라는 단어를 주신 것입니다.

우리가 하나님을 만나러 나아갈 때는, 나의 모습 있는 그대로 나아가면 됩니다. 좋은 옷을 입지 말라는 이야기가 아닙니

다. 마음 자세를 가다듬지 말라는 이야기도 아닙니다. 잘 보이기 위해 하나님을 속일 필요가 없다는 이야기입니다. 하나님께 나올 때 자신을 포장할 필요가 없다는 것입니다. 왜냐하면 하나님은 나를 만드신 분이고, 나를 이 땅에 태어나게 하신 분이기 때문입니다. 그분은 내 삶의 창조주요, 영적인 아버지이십니다. 그리고 그분은 나를 사랑하십니다.

예수님이 니고데모에게 말씀하신 '사랑'이라는 단어는 사실 이스라엘의 선생인 니고데모에게 충격적인 단어였습니다. 평생 온갖 율법과 전통에 스스로 갇혀 진리를 보지 못한 니고데모였습니다. 그래서 "어떻게 해야 영생을 얻을 수 있습니까?"라는 그의 질문에 예수님은 어떤 논리나 율법이나 이성이 아닌 "하나님이 당신을 사랑하십니다"라고 가슴으로 답변하신 것입니다.

아무도 나를 상대해주지 않는 것 같고, 모든 사람이 나를 무시하는 것 같은데도 여전히 하나님은 당신을 사랑하신다는 것입니다. 이 답변이야말로 모든 논리와 이성과 과학을 뛰어넘는 하나님의 답변입니다.

"하나님이 세상을 이처럼 사랑하사."

하나님이 당신을 사랑하십니다!

독생자를 주셨으니

그러면 우리는 이렇게 질문합니다.

'하나님이 얼마나 나를 사랑하신다는 거지? 얼마나 사랑하시길래 이처럼 자신 있게 사랑한다고 하시는 거지?'

하나님은 우리를 사랑하셔서 독생자를 주셨다고 합니다. '독생자'란 말은 예수님을 가리키는 것인데, 예수님이 하나님의 유일한 아들이란 뜻이고, 그런 하늘의 왕자를 주셨다는 것은, 하나님께서 우리를 너무도 사랑하셔서 우리를 살리시기 위해 자기 아들을 십자가의 죽음에 내어주셨다는 것입니다.

평생 살면서 누군가가 나를 위해 죽었다는 이야기를 들어본 적이 있나요? 남의 자식을 살리기 위해서 자기 아들을 죽음으로 내모는 부모가 대체 어디 있습니까? 그런데 하나님은 그렇게까지 하셨습니다. 그렇다면 우리는 하나님께서 왜 그렇게까지 하셨는지를 질문해봐야 합니다.

하나님은 사랑이시면서 동시에 거룩한 분이셔서 공의로 심판하십니다. 그렇기 때문에 하나님은 죄가 있는 우리를 그냥 받아주실 수가 없습니다. 하지만 우리를 사랑하시기에 구원하시려고 구원의 방법을 제시하셨습니다. 바로 하나님의 아들을 이 땅에 보내셔서 우리를 대신해 십자가의 희생 제물이 되게 하신 것입니다.

결과적으로 십자가 사건은 공의이신 하나님의 거룩하심을 만족시키는 동시에, 또한 하나님의 위대한 사랑도 드러낸 사건입니다. 하나님의 거룩과 사랑이 동시에 충족된 것이지요.

하나님의 이런 구원 계획은 철저히 죄로 말미암아 죽어가는 인간을 위한 것이었습니다.

> 하나님이 세상을 이처럼 사랑하사 독생자를 주셨으니…
>
> 요한복음 3:16, 개역개정

제 딸이 가끔 제게 이런 질문을 합니다.

"아빠! 나 얼마만큼 사랑해?"

그러면 보통 저는 이렇게 대답합니다.

"응, 아주 많이!"

그런데 말로는 다 표현하지 않지만 마음속에서는 늘 이렇게 답합니다.

"아빠 생명과 바꿀 만큼 사랑한단다."

왜 그럴 것 같은가요? 이건 어떤 논리도 과학도 이성도 아닙니다. 다른 설명 필요 없이, 그저 내 자식이니까 그런 것이지요.

우리도 하나님께 질문해봅시다.

'하나님 저를 도대체 얼마만큼 사랑하시나요?'

그러면 하나님께서는 이렇게 대답하십니다.

'내 사랑하는 아들 독생자 예수를 너의 생명과 맞바꿀 만큼 사랑한단다.'

우리의 존재와 생명의 값어치는 바로 하나님의 아들의 목숨 값입니다. 거기에는 거창한 논리나 설명이 필요 없습니다. 부모가 자식을 사랑하는데, 무슨 논리가 필요한가요? 그 사랑을 어떻게 과학적으로 증명하고 설명할 수 있을까요? 이 세상에 모든 것이 다 있다고 해도 '사랑'이라는 단어 하나를 빼면, 이 세상은 존재할 수가 없을 것입니다.

하나님은 거짓말을 하지 않으십니다. 실제로 하나님은 우리를 향해 예수님과 함께 상속권을 지닌다고 말씀하셨습니다. 이건 우리도 예수님처럼 하나님의 자녀라는 말입니다.

그렇다면 우리가 해야 할 일은 무엇일까요?

이는 그를 믿는 자마다

우리가 하나님의 자녀가 되는 단 하나의 유일한 방법이 있습니다. 그것은 하나님의 말씀을 듣고 우리의 마음이 '믿어보자'라는 결심으로 나아가는 것입니다. 진리를 듣고, 들은 진리에 긍정적 반응을 하는 것입니다.

'믿음'이라는 것은 반드시 믿는 대상이 필요합니다. 대상 없이 믿는 것은 기복신앙입니다. 내가 만들어 놓은 신, 내가 만들어 온 어떤 위대한 것에 복을 구하는 것은 다 기복신앙입니다.

믿음의 대상은 반드시 분명하고 확실한 진리가 필요합니다. 그리고 우리의 믿음의 대상은 우리를 너무도 사랑하시는 하나님입니다. 자기 아들을 죽이기까지 하시며 그 값으로 우리의 죄를 용서하시고 영생의 선물을 주시는 분이십니다. 이 놀라운 사실 때문에 우리가 그분을 믿는 것입니다. 이 구원의 선물을 받을 수 있는 자격은 어떤 공로나 행위가 아닌, 하나님이 보여 주신 사랑의 사건을 믿음으로 받아들이는 것입니다.

미국에서 노숙자 사역을 할 때 만난 분이 있습니다. 그는 꽤 오랫동안 노숙자로 지낸 나이 지긋한 젠틀맨이었고, 전쟁을 경험한 상처가 있는 분이었습니다. 그는 제게 이런 질문을 했습니다.

"하나님이 사랑이시라면 왜 우리에게 참혹한 일이 일어납니까? 나는 하나님이 좋은 분이란 것은 알겠는데, 고난과 악의 문제는 잘 이해가 안 갑니다."

무슨 대답을 해야 할지 몰라 하나님께 답을 구했습니다. 그리고 하나님은 제 마음에 이런 답을 주셨습니다.

'이런 질문에 무슨 거창한 답이 필요하겠니? 솔직하게 대답해라.'

그래서 저는 이렇게 대답했습니다.

"저도 때로 제 아내가 이해가 안 갑니다. 이해하려면 할수록 미칠 것 같은 때도 있습니다. 그러나 저는 제 아내를 신뢰합니다. 또 사랑합니다. 저를 배반하지 않고, 저를 위해 평생토록 살 것이란 믿음이 있습니다. 때로는 여러 사건 속에서 서로 이해하지 못할 때도 있지만, 그것 때문에 믿음을 버리지는 않습니다. 제 믿음의 분명한 대상인 제 아내가 저를 사랑한다는 확신이 있기 때문입니다."

사랑은 논리를 뛰어넘습니다. 이해가 가지 않는 것도 뛰어넘습니다.

믿음의 시작, 하나님을 사랑하는 것

우리는 사람들 앞에서는 대단한 것처럼 행동하다가도 삶 속의 깊은 죄의 문제들 때문에 괴로워합니다. 괜찮은 사람인 것처럼 포장하다가도 내 존재의 가벼움을 스스로 너무나 잘 알기 때문에 근심하고, 외로움 때문에 자꾸 다른 것들로 채우려고 합니다. 걱정과 염려로 잠을 이루지 못합니다. 내일 어떻게 될지 모르기 때문에 불안해합니다.

여러 방법을 시도해 보지만, 그 어떤 것으로도 우리는 절대 스스로 죄를 이기지 못합니다. 죄의 뿌리가 너무나 깊기 때문에 당장이라도 멸망의 구렁텅이로 빠질 것 같습니다.

그러나 우리가 죄를 이기는 단 하나의 방법이 있습니다. 하나님이 선포하신 그 영생을 내가 받는 유일한 방법이 있습니다.

그것은 하나님을 사랑하기 시작하는 것입니다. 하나님이 이렇게까지 말씀하시는 그 사랑에 대해 반응하기 시작하는 것입니다. 사랑은 함께 만나는 것입니다. 예배에 와서 하나님에 관한 말씀을 듣고 하나님을 만나보려고 하는 그 마음입니다. 사랑은 시간을 같이 보내는 것입니다. 사랑은 하나님과 함께 나누고 교제하는 것입니다.

그것이 바로 믿음의 시작입니다. 그러면 신뢰하게 됩니다. 그러다 보면 하나님의 은혜가 깨달아지고, 내가 도저히 해결할 수 없었던 죄의 문제와 죽음의 문제, 사망의 음침한 골짜기의 문제들에 조금씩 소망이 보이기 시작합니다. 은혜의 능력이 죄를 덮기 시작하는 것입니다. 사랑의 능력이 죄의 뿌리까지 흔드는 것입니다.

성경은 사랑은 허다한 죄를 덮는다고 이야기합니다. 로마서 8장 28절 말씀입니다.

우리가 알거니와 하나님을 사랑하는 자 곧 그의 뜻대로 부르심을 입은 자들에게는 모든 것이 합력하여 선을 이루느니라

로마서 8:28, 개역개정

'모든 것'에는 우리의 실패, 허무, 방황, 허물과 죄도 담겨 있습니다. 그러나 어떤 것이든 그 모든 것이 하나님을 사랑하는 자들에게는 합력하여 선을 이루게 하신다고 말씀합니다.

합력하여서 우리의 인생의 선을 이루게 하시는 첫 번째 조건은 하나님을 사랑하는 것입니다. 하나님이 나를 이렇게 사랑해주셨기 때문에 그 사랑에 반응하는 것입니다. 누구도 나를 위해 죽어주었다는 이야기가 없는데, 나를 위해서 누군가 죽어주었다고 합니다. 그런데 알고 보니 그분이 하나님의 아들이십니다.

영생은 유일하신 하나님과 그 아들을 믿는 것입니다. 즉, 그분이 하신 사랑의 일과 그 아들이 십자가에서 보여주신 은혜를 신뢰하기 시작하는 것입니다. 믿음은 그렇게 시작되고, 영생은 그 믿음을 통해 받게 되는 것입니다.

여러분은 믿음을 통하여 은혜로 구원을 얻었습니다. 이것은 여러분에게서 난 것이 아니요, 하나님의 선물입니다. 에베소서 2:8, 새번역

우리가 하나님의 구원으로 나가는 방법은, 하나님이 제시하신 그 은혜와 사랑에 대해 믿음으로 반응하는 것입니다. 내 힘으로 잘살아 보려고 노력했던 것이나 도덕적으로 타인에게 폐를 끼치지 않으려고 했던 것들을 통해서는 하나님의 거룩하심

에 도달할 수 없습니다.

하나님은 영생에 이르도록 모두가 할 수 있는 방법을 제시하셨습니다. 교육 수준과 생활 수준과 상관없이 누구나 할 수 있는 한 가지를 제시하셨습니다. 바로 그 사랑에 반응하는 것입니다. 이 땅의 기준과 다른, 하나님만이 제시하실 수 있는, 얼마나 놀라운 하나님의 구원 방식입니까?

마지막으로, 그런 하나님의 구원의 은혜를 믿음으로 받아들일 때, 어떤 일이 일어나는지 살펴보겠습니다.

멸망치 않고 영생을 얻게 하려 하심이니라

이 말을 거꾸로 생각해보면, 하나님의 사랑의 구원을 믿지 않으면 멸망이 우리를 기다리고 있다는 결론이 나옵니다. 이 말이 듣기 싫다고 해도 어쩔 수 없습니다. 모든 사람은 생로병사의 문제를 겪습니다. 사람은 누구나 태어나고, 늙고, 병들고, 죽습니다. 시간이 되면 세상을 떠나야 한다는 뜻입니다. 이것은 부인할 수 없는 사실이지요.

그러나 하나님께서는 모든 인간이 멸망으로 가는 것을 원치 않으십니다. 하나님의 목적은 우리를 멸망케 하시는 것이 아닙니다. 요한복음 3장 16절도 참으로 위대한 말씀이지만 그 뒤

에 이어지는 말씀 역시 너무나 위대하고 놀라운 진리를 담고
있습니다.

하나님께서 아들을 세상에 보내신 것은, 세상을 심판하시려는 것
이 아니라, 아들을 통하여 세상을 구원하시려는 것이다.

요한복음 3:17, 새번역

하나님께서는 왜 이렇게까지 하실까요? '사랑'에 여러 가지
의미가 있지만, 저는 본문을 통해 사랑을 이렇게 정의해보고
싶습니다. '사랑은 영원히 함께하고 싶어 하는 것'이라고 말입
니다. 사랑은 내가 원할 때만 함께하는 게 아니라 영원히 함께
하고 싶은 것입니다.

정말 사랑하는 사이라면 그렇지 않을까요? 다시 태어나도
그 사람과 살고 싶은 마음이 있다면 진짜 사랑하는 것입니다.

그런데 인간은 스스로 영원할 수 없습니다. 오직 하나님만
이 영생을 주실 수 있습니다. 그래서 하나님은 죄 때문에 죽을
수밖에 없는 우리지만, 그런 우리에게 그의 아들을 믿는 자는
누구든지 영원히 함께할 수 있는 영생을 주시는 것이지요. 그
것이 구원의 목적입니다.

하나님이 말씀하시는 모든 것을 가장 확실하고 간단하고
명료하게 이야기하면, '내가 너와 함께 영원히 살고 싶다'라는

것입니다. 요한복음 3장 16절의 말씀은 우리를 향한 하나님의 사랑의 프러포즈입니다. 사랑하시기 때문에 어떤 죄인이라도 믿음으로 나아가기만 하면 영생을 주시는 것입니다.

영생을 위한 선행 조건

그런데 우리가 예수님을 영접하고 놀라운 영생에 대한 축복을 누리기 위해 한 가지 해야 할 것이 있습니다. 바로 회개를 통하여 죄의 용서를 구하는 것입니다. 다시 돌이키는 것입니다.

앞에서 언급한 영화 〈미션〉에서 원주민 사냥꾼 멘도자가 이구아수 폭포의 험한 비탈길을 죽을 고비를 넘기며 올라간 곳은 바로 과라니족들이 사는 마을이었습니다. 죽음을 각오하고 올라간 그 자리에서 멘도자는 과라니족들에게 무릎을 꿇고 아무 말 없이 용서를 구합니다.

이때 과라니족의 한 젊은 남자가 칼을 빼어 그의 얼굴에 들이대고는 그를 위협합니다. 그런데 화를 내며 당장이라도 멘도자를 죽일 듯이 위협하던 그 원주민은 곧 들고 있던 칼로 멘도자의 등과 목에 매달려 있는 온갖 인간 사냥 도구들의 밧줄을 끊어버립니다.

그때 멘도자는 울음을 터뜨립니다. 그것은 그동안의 잘못에 대한 사죄의 울음이었습니다. 공포의 대상이요, 복수의 대상인 멘도자가 무릎을 꿇고 아이처럼 우는 모습을 지켜본 원주민들은 그를 보며 웃습니다. 피도 눈물도 없을 것 같은 살인자가 아이처럼 회개하며 우는 모습을 보고, 그들은 마침내 멘도자를 용서하고 그와 화해합니다.

하나님께서 우리에게 회개하라고 하시는 것은 죽이기 위함이 아니라 용서하시기 위한 것입니다. 우리를 용서해주시기로 작정하셨기 때문입니다. 부모의 마음과 똑같은 마음입니다. 삶에서 일어나는 고난의 문제와 죄의 문제를 다 이해할 수는 없지만, 우리는 죄의 결과를 해결할 수 있는 분명한 진리를 배웠습니다.

하나님이 세상을 이처럼 사랑하사 독생자를 주셨으니 이는 그를 믿는 자마다 멸망하지 않고 영생을 얻게 하려 하심이라

요한복음 3:16, 개역개정

사람이라면 누구든 삶에 어려움이 뒤따릅니다. 누구든 삶에는 고통이 있습니다. 누구라도 상처를 안고 있습니다. 누구든 죄는 지으며 살아갑니다. 누구에게든 아무에게도 털어놓지 못하는 비밀이 있습니다. 사람은 누구라도 절망을 경험합니다. 누구든지 질병으로 고통을 당합니다. 결국 사람은 누구든 한

번 태어나고 한 번 죽습니다.

그러나 오늘 우리는 이 진리를 꼭 붙들어야 합니다. 누구든지 절망적인 삶 가운데서도 하나님의 사랑을 받을 자격이 있다는 것입니다. 바로 그의 아들 예수님을 통해서 말입니다. 우리에게 필요한 것은 그 사랑에 반응하는 믿음입니다. 그리고 그 믿음은 곧 결단입니다.

"누구든지 저를 믿는 자마다…."

많은 사람이 잘 아는 찬송가가 있습니다. 바로 〈나 같은 죄인 살리신〉(Amazing Grace)이라는 찬송가입니다. 이 찬송은 영국의 노예 상인이었다가 후에 회개하고 목회자가 되어서 평생을 노예 해방 운동에 삶을 바쳤던 존 뉴턴이 작사한 것입니다. 존 뉴턴은 자신이 노예 상인으로 수많은 사람들에게 죄를 저질렀던 것을 회개하며 이 찬송의 가사를 지었습니다.

악랄한 노예상이었던 멘도자나 존 뉴턴뿐만 아니라 우리도 하나님의 사랑과 은혜가 필요한 죄인입니다. 오늘 하나님께서 우리를 구원으로 초청하십니다. 그러니 우리는 우주에서 가장 위대한 그 사랑에 반응해야 합니다.

누가복음 19:41 가까이 오사 성을 보시고 우시며

마태복음 15:32 예수께서 제자들을 불러 이르시되 내가
무리를 불쌍히 여기노라 그들이 나와 함께 있은 지 이미
사흘이매 먹을 것이 없도다 길에서 기진할까 하여 굶겨
보내지 못하겠노라

J E S U S   S T A R T

CHAPTER 09

누가 그들을 위해
울어줄 수 있나요

미국 전체의 인구를 100명으로 보았을 때 7명은 심각한 우울
증에 시달리며 자살을 고려하고 있고, 14명은 두려움과 스트
레스로 고통받고 있으며, 7명은 학대를 당하거나 알코올과 마
약에 중독되어 있습니다. 8명은 직장에서 해고로 고통당하고
있으며, 3명은 사랑하는 사람의 죽음으로 슬퍼하고 있습니다.
그리고 무려 60명은 예수님을 삶의 주인과 구세주로 영접하지
못하고 있습니다. 한국의 통계도 크게 다르지 않을 것입니다.

　예수님은 십자가에 달려 돌아가시기 전, 예루살렘 성을 보시
며 우셨습니다.

　예수께서 예루살렘 가까이에 오셔서, 그 도성을 보시고 우시었다.

　누가복음 19:41, 새번역

　예수님이 예루살렘 성을 보시며 우신 것처럼 오늘날 누군가

고통 받는 이들을 위해 대신 울어주어야 합니다. 왜냐하면 이들은 모두 자신을 위해 함께 슬퍼하고 울어줄 친구를 찾고 있기 때문입니다.

성을 보고 우시며

누가복음 19장에는 예수님이 십자가에 달려 돌아가시기 전에 마지막으로 예루살렘에 입성하시는 장면이 나옵니다. 예수님은 구약성경에 예언된 대로 감람원 근처에서 나귀 한 마리를 얻어 타시고 예루살렘으로 들어가시는데, 그것은 예수님이 이스라엘의 왕이시라는 것을 상징적으로 암시하는 것입니다. 그리고 그것을 본 예수님의 제자들과 군중은 큰 소리로 기뻐하고 환호하며 하나님께 영광을 돌렸습니다.

> "복되시다, 주님의 이름으로 오시는 임금님! 하늘에는 평화, 지극히 높은 곳에는 영광!" 누가복음 19:38, 새번역

과연 그들은 예수님이 정말 하나님의 아들이신 것을 알고 종려나무 가지를 흔들며 예수님께 환호했을까요? 그들은 정말 나사렛 예수께서 메시아라는 것을 가슴 깊이 알고 "주님의

이름으로 오시는 임금님!"이라고 외친 것일까요?

사람들은 예루살렘 성으로 들어오시는 예수님을 향해 환호하며 환영하고 있는데, 41절에서 극적인 반전이 일어납니다. 환호하는 군중을 뒤로한 채, 예수님이 그 예루살렘 성을 보시고 우신 것입니다. 축제 분위기였던 군중과 달리 예수님은 깊이 우셨습니다.

성경에 "예수님이 우셨다"라는 표현이 두 군데 등장합니다. 하나는 요한복음 11장 35절에서 죽은 나사로를 보시고 우셨을 때입니다.

"예수께서는 눈물을 흘리셨다"라는 이 구절의 헬라어 표현은 '에다크뤼센'입니다. '울다, 눈물을 흘리다'라는 뜻인데 단순히 눈물을 흘렸다는 의미가 아니라 '와락 눈물이 쏟아졌다'라는 강한 의미를 담고 있는 말입니다. 사랑하는 사람의 죽음을 아시고 우셨으니 얼마나 큰 슬픔의 울음이었을까요?

그리고 두 번째가 우리가 보고 있는 누가복음 19장 41절입니다. 여기서 예수님이 '우시었다'의 헬라어는 '에클라위센'이라는 단어인데, 이는 나사로를 생각하며 우셨을 때의 단어보다 더 강한 표현으로 '소리 내어 대성통곡하는 울음'입니다.

예수님은 예루살렘 성을 보시고 왜 그렇게 통곡하며 슬피 우셨을까요? 이를 세 가지로 살펴보려고 합니다.

사람들의 죄를 보고 우셨다

예수님은 예루살렘 도성에 만연한 죄를 보시며 심히 슬퍼하셨습니다. 그분은 그들을 구원하기 위해 이 땅에 오셨으나, 많은 이들이 구원자로 오신 예수님을 알아보지 못한 채 계속해서 죄의 문제 가운데 있었습니다.

죄의 문제 때문에 하나님께서 그의 아들을 이 땅에 보내셨는데, 사람들은 여전히 죄의 문제 가운데서 벗어나지 못했던 것입니다.

이렇게 말씀하셨다. '너도 오늘날 너에게 평화를 가져다주는 것이 무엇인지 알았더라면 좋았을 텐데. 그러나 지금 그것이 너에게 숨겨져 있구나.' 누가복음 19:42, 현대인의 성경

종교성과 전통, 거대한 성전만 있었지, 그들의 영적 상태는 이미 죽어 있었습니다. 우리가 죄에 대해 이야기할 때 여러 가지를 말할 수 있겠지만, 가장 큰 죄는 구원자로 오신 예수님을 알아보지 못하는 것입니다.

인간은 수양이나 도덕적인 교양을 통해서 인격을 쌓아 올릴 수 있고 착하게 살아보려고 노력할 수 있습니다. 우리 주변에도 성품 좋고 선행을 많이 하는 사람들이 있습니다. 그런데 구

원은 그런 것에 관한 문제가 아닙니다. 구원은 근본적으로 인간이 결코 스스로 해결할 수 없는 죄에 관한 문제입니다.

그런 의미에서 죄를 본다면 가장 큰 죄는 결국, 하나님이 죄의 문제를 해결해주실 구원자로 보내주신 예수님을 알아보지 못하는 것입니다.

이스라엘 사람들은 예수님을 향해 '평화의 왕이요 유대의 왕'이라고 외쳤습니다. 그러나 그들은 정작 평화의 왕을 삶 가운데 영접하지 않았습니다. 예수님은 그 강퍅한 마음을 보시고 깊이 통곡하며 우셨던 것입니다.

세상의 죄에 대해 슬퍼하라

사람들의 죄악을 보고 슬피 울어본 적이 있나요? 도시의 죄악을 보고 통탄하는 마음을 느끼며 울어본 적이 있나요? 우린 이것에 대해 심각하게 생각해보아야 합니다. 수많은 그리스도인이 주로 자신들의 문제만 가지고 하나님 앞에 나아갑니다.

그러나 하나님의 백성이라면 세상의 죄에 대해 슬퍼할 줄 알아야 합니다. 평화를 외치지만 정말 평화가 무엇인지 모르는 사람들에게, 기쁨을 찾아 이 세상을 헤매며 노력하지만 정말 기쁨이 무엇인지 모르는 사람들에게 그들을 위해 울어줄 수 있는 누군가가 되어야 한다는 것입니다.

그리고 세상의 죄에 대해 슬퍼하면서, 동시에 그들의 죄가 예수 그리스도의 보혈로 말미암아 용서받을 수 있도록 하나님께 중보기도로 나아갈 수 있어야 합니다.

중보기도라는 것은 내가 그들의 삶을 위해서, 그들의 죄를 위해서, 그들의 아픔을 위해서 그들을 대신하여 기도해준다는 것입니다.

이스라엘의 위대한 제사장이자 학사인 에스라는 이스라엘이 멸망한 후, 성전 재건을 위해 아무것도 남아 있지 않은 폐허인 예루살렘에 도착했습니다. 그리고 그곳에서 너무나도 힘들어하며 낙담하고 실망한 백성들의 죄악을 위해 그들을 대신하여 깊은 슬픔을 가지고 중보기도를 했습니다.

그러나 이스라엘의 하나님이 하시는 말씀을 두려워하는 사람들도 있었다. 내가 저녁 제사 때까지 넋을 잃고 앉아 있는 동안에, 그들은 포로로 잡혀 갔다가 되돌아온 백성이 저지른, 이렇게 큰 배신을 보고서, 나에게로 모여들었다. 나는 슬픔을 가누지 못한 채로 앉아 있다가, 저녁 제사 때가 되었을 때에 일어나서, 찢어진 겉옷과 속옷을 몸에 그대로 걸치고, 무릎을 꿇고, 두 팔을 들고서, 주 나의 하나님께 기도를 드렸다. "하나님, 너무나도 부끄럽고 낯이 뜨거워서, 하나님 앞에서 차마 얼굴을 들 수 없습니다. 우리가 지은 죄는,

우리 스스로가 감당할 수 없을 만큼 불어났고, 우리가 저지른 잘못은 하늘에까지 닿았습니다." 에스라 9:4-6, 새번역

어찌 보면 우리나라의 죄악도 에스라의 기도처럼 이제 극에 달해 있는 듯합니다. 통계청의 "2018년도 사회조사"에 따르면 우리나라 13세 이상의 인구 중 "남녀가 결혼하지 않더라도 함께 살 수 있다"라고 생각하는 비율은 남자가 58.9퍼센트, 여자가 53.9퍼센트였으며 평균 56.4퍼센트인 것으로 나타났습니다.

청소년들의 성 의식이 위험 수위에 올랐고, 잘못된 성 의식으로 인해 청소년 성범죄 비율도 점점 높아지는 추세입니다.

이런 분위기 속에서 우리나라는 2019년도 기준 OECD 국가 중 낙태율 1위, 자살률 1위, 이혼율 1위를 기록했으며, 동성애 차별금지법 통과 위기, 음란지수 1위, 성적 타락, 해외 원정 매춘 1위라는 문제를 안고 있습니다. 이에 더해 4대 중독이라는 알코올, 마약, 도박, 인터넷의 문제에 대한 사회경제적 손실 비용이 109조 5천억 원에 달한다고 합니다.

그뿐만 아니라 남과 북, 동과 서, 진보와 보수, 세대 간, 계층 간, 노사 간, 지역 간의 지속적인 갈등은 개인뿐 아니라 가족과 우리 사회 전반에 심각한 분열의 상처를 안기고 있습니다.

갈라디아서 5장을 보면, 성령의 열매에 관해서도 이야기하

고 있습니다. 악한 열매에 대해서도 이야기하는데, 성경에 나타난 죄를 세 가지로 나누어보면, 첫째는 성적 타락이고 둘째는 우상숭배이며 셋째가 분열입니다. 지금 우리나라가 보이는 모습을 요약해놓은 것 같지 않나요?

예수님이 이스라엘의 죄악을 바라보시며 슬피 우셨던 것처럼, 우리는 우리가 속한 도시와 민족의 죄악을 주님 앞에 올려드리며 깊이 회개하고 기도해야 합니다. 전도는 그런 영적인 문이 열릴 때 이루어집니다. 굳게 닫힌 그 마음의 빗장을 열려면, 성령님을 의지하면서 내가 무언가를 이야기하기 전에 먼저 하나님의 말씀이 그들의 마음 밭에 떨어질 수 있도록 그들을 위해 함께 울어주어야 합니다. 우리는 그것을 기도라고 합니다.

사람들의 죄와 도시의 죄를 놓고 하나님 앞에 울며 애통해할 때, 하나님은 반드시 울부짖는 우리를 통해 성령과 복음의 역사를 이루어가실 것입니다.

그들에게 임할 심판을 보고 우셨다

누가복음 19장 43,44절은 예수님이 우셨던 두 번째 이유를 다음과 같이 말씀합니다.

네 원수들이 너를 향해 둑을 쌓고 사방으로 너를 포위하여 너와 네 자녀들을 완전히 멸망시키고 돌 하나도 그대로 남겨 두지 않을 때가 올 것이다. 이것은 하나님이 너에게 찾아온 때를 네가 알지 못했기 때문이다 **누가복음 19:43,44, 현대인의 성경**

예수님은 예루살렘의 멸망을 보고 우셨습니다. 시간과 공간을 뛰어넘어서 예루살렘의 멸망을 바라보신 것이지요.

예수님이 주후 33년경에 돌아가셨다고 한다면, 그로부터 약 37년 후인 주후 70년경에 예루살렘은 로마 군대에 의해 멸망합니다. 당시 로마 군대는 예루살렘을 함락시키기 위해 엄청난 병력을 보냈고, 3일 만에 예루살렘 주변을 두른 토성을 쌓았습니다.

당시 예루살렘 성에는 유월절을 지키기 위하여 유대인 백만 명이 모여 있었는데, 얼마 후 막강한 로마 군대에 의해 성은 함락되었고 수십만 명의 사람이 죽었으며, 성전과 성벽은 완전히 파괴되었습니다. 그리고 무려 10만 명의 사람이 포로로 잡혀갔으며 만 명의 사람이 십자가에 처형되었다고 전해집니다.

인류의 종말은 반드시 옵니다. 역사에는 시작이 있고 진행이 있고 마침이 있다는 것을 성경은 창세기부터 요한계시록까지 분명하게 이야기합니다. 주님은 반드시 다시 오실 것입니다. 그리고 죄악을 심판하실 것입니다. 그것은 복음의 중요한 부

분입니다.

심판이 있기에 구원이 필요하고, 심판이 있기에 구원을 외쳐야 할 필요성이 있는 것입니다. 심판이 없다면 한 영혼을 구원해야 할 필요성도 없습니다.

죄를 심판하시고 하나님의 자녀들을 구원하시는 것은 반드시 이루어질 복음의 메시지입니다.

심판이 있기 때문에 구원이 선포되는 것입니다. 백성들에게 구원이 선포되는 것은 이 세상 악에 대한 심판을 이야기하신 것입니다. 심판이 있어서 구원이 옵니다. 그것이 바로 우리가 믿는 하나님의 '공의'입니다.

눈물의 기도를 올려드려라

만약 예수님을 잡아 죽였던 종교 지도자들이 이 사실을 알았다면 어땠을까요? 자신이 하나님이 앞에 끊임없이 불순종하고 반역한 죄악들로 인해 37년 후 자신들의 인생에, 혹은 후손들에게 그런 심판이 임한다는 것을 제대로 알았다면 그들은 어땠을까요? 예수님은 그 사실을 미리 내다보시며 대성통곡하셨던 것입니다.

그보다 6백 년 전, 구약의 예레미야 선지자는 예루살렘 성에 임한 하나님의 진노를 내다보면서 자녀들의 생명을 위해 주 앞에 눈물로 울부짖으라고 호소했습니다. 예레미야애가 2장에는 우리가 부모로서 우리의 자녀 세대를 위해 붙들고 기도해야 하는 말씀이 있습니다.

도성 시온의 성벽아, 큰소리로 주님께 부르짖어라. 밤낮으로 눈물을 강물처럼 흘려라. 쉬지 말고 울부짖어라. 네 눈에서 눈물이 그치게 하지 말아라. 온 밤 내내 시간을 알릴 때마다 일어나 부르짖어라. 물을 쏟아 놓듯, 주님 앞에 네 마음을 쏟아 놓아라. 거리 어귀 어귀에서, 굶주려 쓰러진 네 아이들을 살려 달라고, 그분에게 손을 들어 빌어라. 예레미야애가 2:18,19, 새번역

부모가 하나님 앞에 드릴 수 있는 가장 위대한 기도는 자녀를 위해 손을 들고 물 쏟듯 눈물을 흘리며 쉬지 않고 드리는 기도입니다. 이런 부모의 기도를 받고 자란 자녀가 어찌 망할 수 있을까요? 그런데 그런 기도가 이스라엘에 없었다는 것입니다.

죄악 가운데 있는 우리 가정의 모습이 보이나요? 우리 민족의 모습이 보이나요? 하나님은 구원받은 백성에게 그것을 바라볼 수 있는 눈을 주셨습니다. 하나님 아버지의 마음을 주시고, 성을 바라볼 수 있는 마음을 주셨습니다. 도시를 바라볼

수 있는 마음을 주시고, 국가와 민족을 바라볼 수 있는 마음
을 주셨습니다.

그러나 예루살렘 성의 백성들은 그런 눈과 귀가 멀어져 있었
습니다. 그래서 예수님은 탄식하신 것입니다.

그리고 이렇게 말씀하셨다. "오늘 너도 평화에 이르게 하는 일을
알았더라면, 좋을 터인데! 그러나 지금 너는 그 일을 보지 못하는
구나." 누가복음 19:42, 새번역

그들 스스로가 복음과 하나님의 역사에 대해 눈을 감고 배
척한 것입니다.

영성학자 마르바 던(Marva Dawn)은 이렇게 말합니다.

"예언자의 역할은 위험에 빠져든 사람들을 향해 경고의 목소
리를 높이는 것이다."

우리가 예수 그리스도의 복음을 전해주지 않는다면, 복음을
모르는 사람들은 심판을 피할 다른 방도가 없습니다. 예수님
의 눈물을 가지고 임박할 진노를 바라보며 외쳐야 합니다.

"예수님은 그리스도시며 살아 계신 하나님의 아들이십니다.
예수님만이 당신의 소망이십니다."

구원의 때를 분별하지 못함을 보고 슬피 우셨다

하나님은 구약에서 예언하신 대로 이 땅에 하나님의 아들을 보내셨습니다. 메시아로서 이 땅에 오신 예수님은 구원자이십니다. 우리의 죄를 구원하기 위해서 오셨지요. 특별히 하나님의 잃어버린 자들을 위해 오셨습니다.

그러나 많은 유대 사람들은 자기 자신이 의인이라고만 생각했지, 잃어버린 자란 사실을 거부했습니다. 예수님은 그 구원을 거부한 예루살렘의 구원의 부재에 대해, 구원의 때를 분별치 못함에 대해 슬퍼하셨습니다. 그토록 외치고 기다렸던 메시아, 수백 년 수천 년을 기다렸던 메시아가 오셨음에도 불구하고 그 구원의 때를 분별하지 못하는 그들을 위해 슬퍼하며 말씀하셨습니다.

너와 네 자녀들을 완전히 멸망시키고 돌 하나도 그대로 남겨 두지 않을 때가 올 것이다. 이것은 하나님이 너에게 찾아온 때를 네가 알지 못했기 때문이다. **누가복음 19:44, 현대인의 성경**

그분의 아들을 보내신 하나님은 그 아들이 하나님이시라고 말씀하십니다.

"하나님이 너에게 찾아온 때를 네가 알지 못했기 때문이다."

아들을 보내신 것은 하나님이 직접 오신 것보다 훨씬 더 큰 의미가 있는 것입니다. 그러나 본질적으로 예수님은 심판이 아니라 구원을 위해 오셨습니다.

"얘들아 나는 의인을 위해서 온 것이 아니라, 죄인을 위해서 왔단다. 건강한 자에게는 의원이 필요 없지만 병든 사람에게는 의원이 필요하니, 너희들은 나에게로 오라. 내가 치료하리라."

이것이 예수님께서 선포하신 것이었습니다.

그런데 수많은 이스라엘 백성은 자신이 죄인이라고 생각하지 않았습니다. 자신이 잃어버린 자라고 생각하지 않았습니다. 자신의 죄를 깨닫지 못하고, 구원의 필요성을 깨닫지 못했습니다.

예수님은 구원이 필요한 영혼들에 대해 끊임없이 타오르는 열정과 연민을 보여주셨습니다. 오병이어의 기적을 일으키셨을 때를 생각해보세요. 그 자리에는 예수님을 사랑하는 사람도 있었지만, 그냥 뭔가 얻고자 하여 따라온 사람도 있었습니다. 그 가운데는 극악무도한 죄를 지었던 자도 있었을 것이고, 가족을 힘들어하는 사람도 있었을 것입니다.

그런데 오병이어의 기적은 한 사람도 예외 없이 예수님을 찾아왔던 5천 명 모두에게 기적과 은혜의 역사로 임했습니다.

예수님은 영적으로 추수할 들판을 바라보시며 무리를 민망히 여기셨다고 말씀합니다. 어찌할 바를 모르셨다는 것이지요. 그들의 상태가 목자 없이 방황하는 양 떼의 모습 같아서 그들을 보시고 불쌍히 여기셨다는 것입니다. 우리도 주변에 구원받지 못하고 방황하는 영혼들을 안타깝게 여기는 마음으로 그들을 위해 울며 기도해야 합니다.

예루살렘을 향한 느헤미야의 중보기도

주전 586년, 남유다 왕국이 바벨론에 의해 멸망할 때, 수많은 유능한 젊은이들이 바벨론에 포로로 잡혀갔습니다. 느헤미야는 그때 잡혀간 인물의 후손으로 바벨론에서 태어나 바벨론 정부의 고위급 관리가 되었습니다.

그는 어느 날, 예루살렘을 방문한 자신의 동생으로부터 조상의 나라인 예루살렘에 관한 이야기를 듣게 되었습니다. 예루살렘은 멸망한 고조할아버지의 나라이며, 거리도 1천 4백 킬로미터 이상이나 떨어져 있는 한 번도 가본 적 없는 낯선 곳이었습니다.

그런데 동생의 이야기인즉슨 예루살렘의 성전과 성벽은 오래 전에 이미 다 훼파되고, 백성들은 유린당하고 핍박당했으며, 부녀자들은 잡혀가고, 남은 자들은 늘 주변 부족들에게 약탈당한다는 것입니다. 고대시대에는 성벽이 없으면 보호를 받을 수 없었기에 생활을 할 수 없었습니다.

그 이야기를 전해 들은 느헤미야의 반응이 우리를 감동케 합니다.

이 말을 듣고서, 나는 주저앉아서 울었다. 나는 슬픔에 잠긴 채로 며칠 동안 금식하면서, 하늘의 하나님께 기도하여

느헤미야 1:4, 새번역

느헤미야는 바벨론에서 태어나 제국의 고위 관리직으로서 평생 편안하게 살 수 있었습니다. 비록 자기 조상들이지만 이미 잊힌 지 오래고, 거기서 태어나지도 않았으며, 무엇보다 자신은 세상을 통치하는 막강한 바벨론 제국의 왕을 보좌하는 보좌관이었기 때문입니다.

그러나 느헤미야는 자신이 하나님께 속한 사람이라는 것을 잊지 않고, 이 세상 나라와 정치와 이념 위에 하나님나라가 있다는 것을 잊지 않았습니다. 그리고 자기 할아버지와 아버지의 조국을 자신의 조국이라고 믿었습니다.

그렇기에 예루살렘 유민의 소식을 듣고 왕궁의 산해진미를 뒤로하고 가본 적도 없는 예루살렘의 일로 울부짖으며 금식하며 기도한 것입니다. 기도 끝에 그는 예루살렘에 가서 성벽을 재건하기로 결심합니다.

구원의 증거는 다른 사람의 아픔을 내 아픔으로 받아들일 줄 아는 것입니다. 결국 영성의 깊이라는 것도 "과연 내가 하나님의 사랑으로 다른 사람의 상처를 치유하고 공감하고픈 열망이 있느냐" 하는 것이지요.

느헤미야는 예루살렘의 일에 상관하지 않아도 되었습니다. 무시해도 될 문제였습니다. 어느 누구도 느헤미야에게 그에 대한 책임을 묻지 않았을 것입니다. 그런데 느헤미야는 이 문제를 개인과 민족의 문제를 떠나서, 하나님나라의 문제로 받아들였습니다.

자신이 가진 안락한 환경을 버리고, 민족의 아픔을 하나님께 드릴 줄 아는 영성이 이미 준비되었던 것입니다.

함께 통곡하며 애통해하는 삶

저는 미국에서 목회할 때 미국 땅에서 자라는 한인 2세들에게 종종 이런 설교를 했습니다. 하물며 이 땅에서 나고 자라는 우리 자녀들에게 이런 뿌리 의식을 더욱 심어주어야 하지 않을까요?

역사를 모르고는 미래가 있을 수 없습니다. 여기서 말하는 뿌리 의식은 단순한 한민족의 민족주의를 넘어서 신앙의 뿌리

의식, 하나님나라 자녀의 뿌리 의식을 말하는 것입니다.

우리 자녀들이 하나님나라의 자녀로서 느헤미야처럼 타락해가는 한국 땅을 위해 통곡하며 기도할 줄 아는 자들로 자라나도록 키워야 합니다. 이 땅의 수많은 도시에 구원이 없음을 대신 슬퍼할 수 있는 자녀로 자라야 합니다.

젊은이들은 학문과 지식, 세상에서 노는 법과 성공하는 법에 대해서는 많이 알고 있습니다. 그러나 그들이 다니고 있는 학교에 구원이 없음을 통곡해야 합니다. 그러려면 하나님나라를 먼저 가르쳐야 합니다.

행동하는 눈물이 있었다

예수님과 에스라, 예레미야, 느헤미야의 공통점이 있습니다. 그들은 사람들의 죄의 문제에 대해 함께 울며 공감하고 기도했다는 것입니다. 그들은 사람들의 죄의 문제에 함께 울며 기도할 수 있는 영적인 공감 능력을 가졌습니다. 사람들이 계속 그렇게 죄악 가운데 살면, 후에 임할 심판을 미리 바라보고 통곡한 것입니다.

그리고 그들에게 구원이 없음을 보고 민망히 여기고 애통해했습니다. 사람들이 울지 않기 때문에 그들을 위해서 대신 울어줄 사람이 필요합니다.

그러나 거기서 끝나지 않았습니다. 그들의 위대함은 그들이 흘린 그 눈물을 위해 '행동'에 나섰다는 점에 있습니다.

예수님은 그가 통곡하며 우셨던 예루살렘의 백성들을 위해 결국 십자가에 자신을 내어주는 행동을 보이셨습니다. 느헤미야는 1천 4백 킬로미터를 진격하여 예루살렘으로 갔습니다.

예레미야와 에스라, 이사야 등 수많은 하나님의 사람들은 눈물만 쏟고 감상에 젖어 신세 한탄만 하지 않았습니다. 그들은 하나님의 말씀을 외치고 사람들을 구원하기 위해 행동에 나섰습니다. 모두가 소망이 없다고 이야기할 때, 그들은 소망에 대해서 이야기하기 시작했습니다.

세상은 그들의 죄를 위해 대신 울어줄 사람을 찾고 있습니다. 어디서부터 울어야 할지 무엇을 위해 울어야 할지 모르기 때문입니다.

세상은 그들에게 임한 심판을 위해 통곡해줄 사람들을 기다리고 있습니다. 무엇 때문에 그 심판이 임하는지 모르기 때문입니다.

세상은 그들에게 구원자가 없음을 슬퍼해 줄 사람들을 갈망하고 있습니다. 누가 진정한 구원자인지 모르기 때문입니다.

나 자신의 불쌍함 때문에 우는 것도 사실은 필요한 일입니다. 나를 위해서 회개하고, 나의 연약함 때문에 우는 것도 필요합니다. 그런데 우리가 신앙생활을 하면서 깨닫는 것은 예수님이 나를 위해 그렇게 통곡하며 울어주셨다는 것입니다.

그렇다면 우리도 다른 사람의 연약함과 임박한 하나님의 진노를 보고 대신하여 통곡하며 눈물 흘려주는 삶을 살아야 하지 않을까요? 예수님의 눈물로 구원을 얻게 되었다면, 이제 그 구원을 눈물로 흘려보내주는 삶을 살아야 하지 않을까요?

다른 사람의 연약함과 하나님의 임박한 진노를 보고 통곡하며 흘리는 눈물은 인생에 있어서 얼마나 값진 것일까요? 나만 아는 인생이 아니라, 가정과 도시와 민족과 열방들을 위해서 기도하고 눈물을 흘리는 인생은 하나님 보시기에 정말 값지고 아름답고 매력 있는 인생입니다.

그런 인생이 하나님이 찾고 찾으시는 인생입니다. 세상에 수많은 눈물이 있지만, 값어치는 다 다릅니다. 값싼 눈물이 아니라 정말 하나님이 원하시는 눈물이 나의 삶 가운데 있는지 살펴보세요.

하나님 아버지의 마음으로 세상을 바라보아야 합니다. 하나님 아버지의 눈으로 세상의 소리를 들어야 합니다. 그들이 부르짖는 소리가 심령 가운데 들리기를 바랍니다.

사람들이 하나님을 애타게 찾는 소리를 들어야 합니다. "호산나! 우리를 구원해 주소서"라는 소리가 예루살렘 입성에 대한 기쁨의 환호성이 아니라 통곡의 울부짖음으로 들려야

합니다. 또한 하나님께서 안타깝게 부르시는 소리도 들어야
합니다.

"누가 저들을 위해 울어줄꼬!"

마가복음 2:1–12

1 수 일 후에 예수께서 다시 가버나움에 들어가시니 집에 계시다는 소문이 들린지라 2 많은 사람이 모여서 문 앞까지도 들어설 자리가 없게 되었는데 예수께서 그들에게 도를 말씀하시더니 3 사람들이 한 중풍병자를 네 사람에게 메워 가지고 예수께로 올새 4 무리들 때문에 예수께 데려갈 수 없으므로 그 계신 곳의 지붕을 뜯어 구멍을 내고 중풍병자가 누운 상을 달아 내리니 5 예수께서 그들의 믿음을 보시고 중풍병자에게 이르시되 작은 자야 네 죄 사함을 받았느니라 하시니 … 11 내가 네게 이르노니 일어나 네 상을 가지고 집으로 가라 하시니 12 그가 일어나 곧 상을 가지고 모든 사람 앞에서 나가거늘 그들이 다 놀라 하나님께 영광을 돌리며 이르되 우리가 이런 일을 도무지 보지 못하였다 하더라

JESUS START

CHAPTER 10

내가 아니면
예수님께 갈 수 없는 사람

예수님이 본격적인 사역을 시작하시면서 이제까지 사람들이 보지 못한 놀라운 일들을 보여주기 시작하셨습니다. 단순한 기적과 능력뿐만이 아닙니다. 그분이 전하시는 말씀에는 큰 권세가 있었습니다. 많은 사람이 예수님께 몰려들기 시작했습니다. 예수님의 사역은 주로 고라신, 벳새다, 가버나움에서 이루어졌는데, 본문에서 예수님은 특별히 가버나움이라는 동네에 들어가시게 되었습니다.

가버나움은 이스라엘 갈릴리 호수 북서부 연안의 고대도시로, 예수님의 제자인 베드로, 안드레, 야고보, 요한, 마태의 고향이기도 하면서 동시에 예수님의 제2의 고향이기도 합니다(마 9:1 참조). 가버나움에서 예수님은, 어느 한 집에 머무시면서 하나님나라에 대한 말씀을 가르치셨습니다.

당시 유대인들의 주택은 대부분 '인술라'라고 불리는 다세대 주택이었습니다. 그래서 제법 넓은 마당과 공간이 있었습니다. 본문에서 예수님이 계신 집이 그런 곳입니다. 그런데 얼마나 많은 사람이 모였는지, 문 앞에 발 디딜 틈이 없었습니다.

성경은 마가복음 초반에 이미 많은 병자들, 귀신 들린 자들, 나병(한센병) 환자들을 예수님께서 치유하셨다고 기록합니다. 많은 사람이 그런 예수님에 대한 소문을 듣고 단숨에 달려왔습니다.

그런데 예수님은 이렇게 달려온 이들에게 먼저 급한 병을 고쳐주시지 않고 말씀부터 먹이셨습니다. 육신보다 영혼의 치료가 더 중요하다는 것, 즉 우선순위가 있음을 암시하는 것입니다.

지붕을 뚫은 믿음

그렇게 많은 사람이 모여 있는 가버나움의 집에 한 무리의 사람들이 중풍병자를 데려왔습니다. 성경은 네 명의 친구가 중풍병자인 친구를 데리고 왔다고 기록합니다.

아마도 그날 예수님 주변에는 이런 사람들이 심심치 않게 있었을 것입니다. 예수님께 치료받기를 간절히 소망하지만, 자기 스스로 오지 못하기 때문에 가족이나 친구의 부축을 받아서 나아온 사람들도 더러 있었을 것입니다. 본문의 중풍병자 역시 마찬가지였습니다.

문제는 사람이 너무 많았다는 것입니다. 그래서 네 명의 친구는 기다리는 방법보다 더 극적인 방법을 선택했습니다. 아무도 예상치 못한 재미있는 풍경이 벌어집니다. 이 네 명의 친구들은 중풍병자 친구를 예수님에게 보여드리기 위해 예수님이 계신 집의 지붕을 뜯어내고 구멍을 내서 중풍병자 친구를 밧줄에 매달아 내려보내기로 작정한 것입니다.

당시 고대 근동 지역에 있는 이스라엘 가옥은 흙벽돌로 지어져 있었습니다. 양옆에 흙벽돌을 세운 다음, 지붕은 먼저 나무 뼈대로 대들보를 만들어서 일정한 간격으로 배치해놓았습니다.

그리고 작은 나무들을 끼워 놓고 회반죽과 모래, 짚을 섞어서 만든 후, 그 위에 다시 흙으로 평평하게 다져놓았습니다. 저녁에 날씨가 서늘해지면 그 지붕 위에서 쉬기도 하고 낮잠을 자기도 했습니다.

그런데 지금 그런 지붕을 뜯어내고 구멍을 뚫어 환자를 내려보낸 것입니다. 이 일을 진행하는 동안 얼마나 많은 흙과 나뭇조각들이 집 안으로 떨어져 내렸을지 짐작이 갑니다. 과히 유쾌한 상황은 아니었을 것입니다.

지금 예수님은 열심히 하나님나라에 대해 가르치고 계십니다. 사람들은 예수님의 말씀이 끝나면 병 고침을 받기 위해 순서대로 줄을 서 있었을 것입니다. 그런데 그런 엄숙한 말씀 선포의 시간에 갑자기 지붕에서 흙이 떨어지고 먼지가 나며 지붕이 열리는 게 아니겠습니까? 게다가 지붕에서 침상의 네 귀퉁이에 밧줄을 달고 환자가 내려오고 있었습니다.

예배를 드리고 있는데 갑자기 천장에서 흙이 후두둑 떨어지더니 사람이 침상에 누워서 매달려 내려온다고 생각해보세요. 얼마나 황당한 상황인가요? 앞뒤 보지 않고 이 장면만 보면 참 어이없고, 당황스럽고, 한편으로는 무례하고 무식해 보일 수 있는 행동입니다. 가택 침입죄, 기물 파손죄, 괘씸죄까지 적용될 수 있는 그런 행동입니다.

수많은 사람들의 이목이 집중되고 있는 상황에서 네 명의 친구들은 병든 자기 친구를 위해 자존심을 내려놓고 아무도 상상 못 할 돌발적인 행동을 했습니다. 예수님께서는 미래를 내다보시는 통찰력이 있으셔서 미리 다 아셨겠지만, 이런 상황은 누구도 예상 못했을 것입니다.

그런데 더 안타까운 것은 이 밧줄에 매달려 내려오고 있는 중풍병자의 무너진 자존심입니다. 스스로 몸을 가눌 수 없고 아무것도 할 수 없는 상황 가운데, 모든 사람들의 이목이 집중되어 있습니다. 그것도 설교하는 중간에 흙 부스러기와 함께 밧줄을 타고 내려오고 있습니다. 첩보 영화도 아니고 정말 이 상황을 뭐라고 설명할 수 있을까요?

사랑이 지붕을 뚫게 했다

분명한 것은 이런 모든 당혹스럽고 창피한 상황에도 불구하고 이런 상황을 뛰어넘는 친구들의 열정과 믿음입니다. 정황을 보니 이 중풍병자는 전혀 움직일 수 없는 중증 환자였습니다. 당시로서는 집안에 갇혀서 아무것도 할 수 없는 처지였을 것입니다. 병자도 아마 예수님에 대한 소문을 전해 들었을 것입니다. 친구들은 어쩌면 예수님을 전에 보았을지도 모르겠습니다. 그들이 예수님을 메시아로 믿고 있었는지는 확실하지 않습니다. 그러나 그 친구들은 적어도 세 가지는 분명하게 확신하고 있었습니다.

첫째, 예수님이란 분이 메시아인 것은 아직 잘 모르겠으나 하나님이 보내신 위대한 선지자로서 말씀과 기적에 능하신 분이라는 확신입니다.

둘째, 자신의 중풍병자 친구가 예수님께로 가면 고침 받을 수 있다는 확신입니다.

셋째, 그러나 자신들이 돕지 않으면 중풍병자 친구는 결코 예수님께로 나아갈 수 없는 상황이라는 확신입니다.

네 친구의 이 세 가지 확신이 어두컴컴한 집안에서 움직이지 못하고 있던 친구를 밖으로 불러냈습니다. 그리고 거기서 머물지 않고 엄청난 열정을 가지고 그를 예수님께로 데려갔습니다. 그리고 만만치 않은 상황 앞에 포기하지 않고 지붕을 뚫었습니다.

그런데 한 가지만 더 생각봅시다. 지금 중풍병자 친구는 중증 환자이긴 하지만, 막 숨이 끊어지는 급한 환자는 아닙니다. 사실 상식적으로 생각한다면, 순서대로 기다렸다가 치료받아도 됐을 것입니다. 그렇다면 도대체 무엇이 이런 상황을 만들었을까요?

바로 네 명의 친구들의 중풍병자에 대한 뜨거운 사랑입니다. 우리는 그들이 어떤 사연을 가진 사람들인지는 모르지만, 분명한 것은 이 친구들의 믿음은 지붕을 뚫는 믿음이었다는 점입니다.

그리고 그들은 '내가 아니면 이 친구는 결코 예수님께 갈 수 없을 것'이라는 사랑의 마음을 가졌습니다. 오늘 예수님이 아니면 내 친구는 치료될 수 없다는 절박한 마음이 이런 상황을 만든 것입니다. 결국 사랑하는 만큼 행동하게 된 것입니다.

죄 사함을 선포하신 예수님

모든 사람이 그들의 시선을 환자에게서 예수님에게로 돌렸습니다. 이 상황에서 과연 예수님은 뭐라고 말씀하실 것 같나요? 군중들은 당연히 예수님께서 이 사람들에게 화를 내실 것으로 생각했을 것입니다. 그런데 예수님은 지붕을 뚫은 사건만큼이나 모든 사람들의 예상을 빗나가는 말씀을 하십니다.

예수님은 이렇게 말씀하셨습니다.

예수께서는 그들의 믿음을 보시고, 중풍병 환자에게 "이 사람아! 네 죄가 용서받았다" 하고 말씀하셨다. 마가복음 2:5, 새번역

놀랍게도 예수님은 그들의 믿음을 보시고 먼저 질병을 치유해주신 것이 아니라, "네 죄가 용서받았다"라고 선언해주셨습니다. 상식적으로 '네 병이 나음을 얻을지라'라고 해야 맞는데, 예수님은 모든 예상을 벗어나서 "네 죄가 용서받았다"라고 선포하셨습니다.

그리고 예수님의 이 말씀 한마디에 논쟁이 벌어졌습니다. 거기 앉아서 이 일을 지켜보고 있던 바리새인들과 율법학자, 서기관들이 서로 의논하며 예수님을 신랄하게 정죄하기 시작한 것입니다.

'이 사람이 어찌하여 이런 말을 한단 말이냐? 하나님을 모독하는구나. 하나님 한 분밖에, 누가 죄를 용서할 수 있는가?' 하였다.

마가복음 2:7, 새번역

사실 '하나님 한 분 외에 누가 죄를 용서할 수 있는가?'라는 종교 지도자들의 지적은 모든 유대인들 앞에서 상당히 설득력이 있는 말입니다.

그렇기에 "네 죄가 용서받았다"라는 예수님의 선포는 스스로가 하나님이심을 선포하는 말이었던 것입니다. 그리고 이는 당시 종교 지도자들에 대한 대단한 도전이었습니다. 예수님의 도전은 그들의 기득권과 종교적 리더십의 근간을 흔드는 일이었습니다.

그런데 예수님께서 그들의 완악한 마음을 아시고 이렇게 답변하셨습니다.

중풍병 환자에게 '네 죄가 용서받았다' 하고 말하는 것과 '일어나서 네 자리를 걷어서 걸어가거라' 하고 말하는 것 가운데서, 어느 쪽이 더 말하기가 쉬우냐? 마가복음 2:9, 새번역

당연히 '네 죄가 용서받았다'라고 하는 말이 쉽습니다. 왜냐하면 아무도 죄 사함을 증명할 수 없기 때문입니다. 죄를 실제로 용서하시는 하나님 한 분 외에 정말 죄가 사함을 받았는지 아닌지를 누가 알 수 있을까요?

하지만 이는 말은 쉽지만, 당시의 법을 생각할 때 생명을 내놓고 해야 하는 위험한 발언입니다. 그런데 예수님은 진리에

대해서는 용기 있게 대처하셨습니다. 왜냐하면 예수님은 정말
로 예수님이 하나님의 아들로서 죄를 사하는 권세가 있음을
알게 하려고 말씀하신 것이기 때문입니다.

"그러나 인자가 땅에서 죄를 용서하는 권세를 가지고 있음을 너희
에게 알려주겠다." -예수께서 중풍병 환자에게 말씀하셨다.

마가복음 2:10, 새번역

그리고 예수님은 결론을 맺으십니다.

"내가 네게 말한다. 일어나서, 네 자리를 걷어서 집으로 가거라."

마가복음 2:11, 새번역

그런데 정말 놀라운 일이 일어났습니다.

그러자 중풍병 환자가 일어나, 곧바로 모든 사람이 보는 앞에서 자
리를 걷어서 나갔다. … 마가복음 2:12, 새번역

중풍병자는 예수님의 말씀대로 벌떡 일어났습니다. 네 명의
친구들도 많이 놀랐을 것입니다. 자리에 있던 모든 사람들은
이 놀라운 일의 증인이 되었습니다.

그들은 다 놀라며 영광을 하나님께 돌렸습니다. 그리고 이런 일을 도무지 본 적이 없다고 증언했습니다.

하나님께 영광을 돌린다는 것은 결국 이 일이 하나님께로부터 왔다는 것을 인정하는 일이고, 그것을 인정한다는 것은 결국 예수님께서 죄를 사하는 권세가 있는 신적인 존재임을 고백한다는 것입니다.

나 아니면 예수님께로 갈 수 없는 누군가를 위해

우리 주변에는 '내가 아니면 예수님께로 갈 수 없는 누군가'가 있습니다. 본문의 중풍병자처럼 말입니다. 이 말씀을 통해 우리가 그들에 대해 어떻게 해야 하는지 세 가지로 살펴보려고 합니다.

첫째, 나의 도움이 필요한 사람이 없는지 늘 주변을 돌아보라

우리는 나에게만 초점을 맞추지 말고 주변을 돌아보아야 합니다. 전도할 사람이 없고, 도울 사람이 없다고 말해선 안 됩니다. 세상에는 나의 도움이 필요한 사람이 널려 있습니다.

우리는 먼저 복음을 받은 자로서 세상에서 여기저기 배가 난파되어 살려달라고 외치는 소리를 들어야 합니다.

특별히 하나님께서는 기도할 때 많이 생각나게 하십니다. 기도는 내 생각을 죽이고 하나님의 소리를 듣는 시간입니다. 기도하면 하나님께서 그런 마음을 주시고, 눈을 떠서 보이지 않는 일들도 보게 하십니다. 그것은 긍휼의 마음입니다.

그렇게 하나님이 주시는 마음을 가지고 주변을 돌아보면, 사람들의 필요가 보이기 시작합니다. 하나님께서 주시는 그 마음을 무시하지 말고 발전시켜야 합니다.

둘째, 내가 그 사람을 위해 할 수 있는 일을 찾아라

네 명의 친구들은 평소에도 중풍병자인 친구를 위해 할 수 있는 일이 무엇일지 고민하고 있었을 것입니다. 중풍병자는 정말 좋은 친구들을 두었습니다.

그러던 차에 그들은 예수님에 대한 소문을 들었습니다. 예수님께서 나병(한센병) 환자도 치료하는 놀라운 기적들을 일으키신다는 소문에, 그들은 자신의 아픈 친구를 예수님께 데려가기로 결정했습니다.

네 명의 의견이 달랐다면 할 수 없었을 것입니다. 그러나 그들은 한결같이 아픈 친구를 위해 할 수 있는 일을 끊임없이 찾았던 것 같습니다. 그런 정성이 기회를 만난 것입니다. 우리가 우리 주변의 예수님을 믿지 않는 사람을 긍휼히 여기며 기도한다면, 하나님은 반드시 그 사람의 마음 문을 열 기회를 주실 것입니다. 때로는 생각지 않은 우연한 기회도 주십니다.

　우리가 예수님께 인도할 누군가를 찾았다면, 그 사람을 위해 할 수 있는 연결고리가 무엇인지, 접촉점이 무엇인지 찾아야 합니다.

　영혼을 위한 기도는 인내심을 갖고 계속하는 것입니다. 지붕을 뚫는 일이라면 그렇게 해야 합니다.

셋째, 손해 보더라도 행동하라

　아마 아프리카나 어느 선교지의 어린아이들이 굶주리는 장면을 TV를 통해 많이 보았을 것입니다. 많은 사람이 감동이 되어 눈물도 흘리고, 충격도 받고, 돕고자 하는 마음과 함께 정말 감사하며 잘 살아야겠다고 다짐도 했을 것입니다. 그러나 행동하지 않는다면 그 자체는 아무런 의미가 없는 자기기만에 불과합니다.

　많은 사람이 생각만 하고 행동에 옮기지 않습니다. 사상가들에 의해서 새로운 생각들이 나올지 모르겠지만, 그것을 실제로 마음에 받아 실행하는 행동가들에 의해서 세상은 움직이고 변혁됩니다.

　탁상공론으로는 세상이 변화되지 않습니다. 사랑에 의해서, 행동하는 사람들에 의해서 세상이 움직여지고 변화합니다.

　중풍병자의 친구들은 자신들의 생각을 철저히 행동으로 옮겼습니다. 말만 하지 않고 행동에 옮겼다는 것입니다. 예수님이 계신 집까지 간 것도 대단한 행동이지만, 어려운 상황에서 지붕까지 뚫고 친구를 내려보내는 행동 또한 대단합니다. 이는 어쩌면 손해 볼 수 있는 행동이었습니다. 그렇지만 사랑은 손해 보더라도 행동합니다. 믿음은 작은 일이라도 행할 때 열매를 맺습니다.

사랑의 도구로 쓰시는 하나님

몇 년 전, 미국에 거주할 때인데 한국에 올 일이 있어서 한국행 비행기 안에 있었습니다. 도착을 한 시간 정도 남기고 승무원이 어떤 할머니 한 분을 제 옆자리로 안내했습니다. 제가 보니 한국 분이었습니다.

그런데 저더러 안쪽 자리로 들어가라고 해서 제 기분이 살짝 상했습니다. 왜냐하면 그때 최종 목적지가 부산이었기 때문에 인천공항에서 바로 부산행 비행기로 갈아 타야 하는데, 이미 시애틀에서 출발할 때 연착이 되어 갈아탈 시간이 30분도 채 되지 않았기 때문입니다. 최대한 빨리 내려야 하는데 제 마음이 얼마나 초조했겠습니까?

그런데 알고 보니 그 할머니는 그날 시애틀에서 부산에 가는, 스케줄이 저랑 똑같은 유일한 분이셨습니다. 시애틀에 이민 와서 40년을 사시다가 이제 부산에 사는 딸과 함께 마지막 여생을 사시려고 고향으로 역이민 가시는 중이었습니다.

사연을 들어보니 제가 도와드려야 될 것 같다는 생각이 들었습니다. 그런데 비행기 연착도 그렇고 짐도 그렇고 공항에서 너무 고생을 많이 하셔서 마음이 많이 상해 있으셨습니다.

할머니와 이런저런 이야기를 나누다가 드디어 인천에 도착했습니다. 저도 기내에 짐이 두 개였지만, 할머니 가방까지 세 개를 들고 연결편을 잡기 위해 냅다 뛰었습니다. 일단 먼저 가서 비행기를 잡아 놓으려고 말입니다.

할머니는 뛰실 수가 없기에 천천히 오시라고 했습니다. 저는 연결편까지 젖 먹던 힘을 다해 가방 세 개를 들고 뛰어서 검색대에 다다랐습니다.

그런데 기내 가방 두 개는 있는데, 컴퓨터, 여권, 지갑이 들은 제 노트북 가방이 없어졌습니다. 그리고 뒤에 도착한 할머니에게 가방을 드리고 다시 비행기로 뛰었습니다. 그러다가 승무원을 만나 자초지종을 이야기했더니 비행기 안을 찾아보겠다고 말했습니다.

감사하게도 저희 두 사람 때문에 부산행 비행기를 30분 연착시켰다고 했습니다. 그리고 한 15분 후에 제 컴퓨터 가방을 겨우 찾았습니다.

연결편 입구에 가보니 할머니가 승무원들에게 저를 위해 기다려달라고 말씀하고 계셨습니다. 저희는 무사히 비행기를 탔습니다.

부산에 도착했습니다. 그런데 다시 할머니의 무거운 기내 가방이 생각이 나서 할머니 좌석에 가서 가방을 들어 드렸습니다. 그런데 그때 할머니께서 저에게 이렇게 말씀하셨습니다.

"누군지 알 것 같아요. 혹시 최 목사님 아니세요? 코엠 TV에서 목사님 설교 방송을 본 적이 있어요. 오늘 너무 감사해요."

알고 보니 시애틀에서 제 친구가 목회하는 교회에 출석하시다가 몇 년간 교회를 안 나갔다는 것입니다. 저도 말씀드렸습니다.

"할머니, 제가 이렇게 도와드렸는데 그 목사님께 은혜를 받았으면 꼭 교회 나가셔야 합니다. 부산에 도착하시면 꼭 교회 나가셔야 합니다."

그렇게 그 분을 배웅해드리고 기쁘고 홀가분한 마음으로 정류장에서 버스를 기다리는데 웬걸, 가방 하나가 또 없어졌습니다. 그날 김해 공항을 다 뒤집어 놓았습니다. 화장실, 검색대, 이동 버스, 문이 닫힌 비행기 문까지 다시 열고, 담당자들이 총 출동되어 열심히 한마음이 되어 도와주었습니다. 담당자가 제가 할머니를 도와주는 것을 보고 있었기 때문입니다. 그리고 할머니가 저를 계속 '목사님'이라고 부르는 통에 신분이 노출되어, 이득을 보았습니다.

1시간 30분 정도가 지나서 제 노트북 가방을 다시 찾았습니다. 할머니는 먼저 집에 가셨는데 직원에게서 제가 가방을 또 잃어버렸다는 이야기를 들으시고 죄책감에 밤을 홀딱 새우며 시애틀에 있는 제 친구 목사에게 전화를 걸어 제가 가방을 찾았는지를 계속 물어보셨다고 합니다.

나중에 알게 된 사실은, 이 모든 것이 그 할머니가 다시 신앙생활하게 해달라는 그 교회 담임 목사님의 눈물의 기도의 응답으로 일어난 사건이란 것입니다. 그 목사님의 기도에 대한 응답의 도구가 바로 옆 교회 친구 목사인 저였던 것입니다. 저는 그저 그 시간에 그 장소에서 기도 응답의 도구로 쓰였을 뿐입니다.

사연이 있는 할머니 가방을 들어드려야겠다는 단순한 생각이었는데, 하나님은 그 영혼을 한국까지 따라가신 것입니다. 기도하면 성령께서 따라다니십니다. 3년 만에 그 할머니를 미국에서 다시 만났습니다. 그리고 저에게 생명의 은인이라고 말씀해주셨습니다. 제 친구 목사님도 재회해서 다 같이 아름다운 식사를 나누었습니다. 생명의 은인이라는 말이 얼마나 마음에 기쁨이 되었는지 모르겠습니다.

내가 아니면 예수님께로 나올 수 없는 사람은 하나님과 우리만 압니다. 당사자는 모릅니다. 그리고 우리가 믿음으로 작은 씨앗을 뿌렸을 때, 하나님은 놀랍게 열매를 맺으십니다.

"아들아 네 죄 사함을 받았느니라! 아들아, 일어나 걸으라!"

우리는 복음을 증거하는 것을 통하여 세상에 있는 사람들을 섬겨야 합니다. 우리가 예수님의 이름으로 지역 사회를 위해 하는 모든 일들은 결국 그들을 예수님께로 인도하는 것입니다. 그것만큼 그들의 인생 가운데 큰 선물이 어디 있을까요? 우리가 다 하나님의 사랑을 전달하는 응답의 도구로 사용되기를 바랍니다.

제가 지구촌교회에 온 첫 해에 진행한 블레싱 축제를 아직도 잊을 수가 없습니다.

블레싱 축제를 한 주 앞두고 하나님의 강권하심으로 갑작스럽게 전해진 복음 초청이 성도들의 마음에 전도의 열정을 불러 일으키는 큰 기폭제로 작용하였는지 성도들이 기도하고 전도하겠다고 써낸 전도 대상자가 1만 8천 5백 명이었습니다. 그리고 전도 집회에 참석한 분들이 3천 7백 명, 그 가운데 그날 예수님을 영접하겠다고 자리에서 일어난 분들이 1,736명이었습니다. 저는 전율하지 않을 수 없었습니다.

그리고 2020년 코로나19 팬데믹 상황이 닥쳤습니다. 그럼에도 불구하고 전도는 계속되었습니다. 그해 11월, 본당 예배 인원의 30퍼센트만 들어올 수 있는 상황에서도 전도축제는 진행되었고, 성도들은 전도 대상자로 만여 명을 써서 제출했습니다. 그 난리통에 1,080명의 전도 대상자가 14번의 예배에 나누어 참석했습니다. 그리고 405명이 예수님을 영접했습니다.

코로나19 상황이 진화되기는커녕 점점 더 심해지던 2021년 전도축제도 마찬가지였습니다. 계속해서 전도했고, 기도했으며, 복음으로 초청했고, 또 많은 이들이 그 초청에 동일하게 반응했습니다.

　저는 정말 많은 것을 깨달았습니다. 사람들은 여전히 외롭습니다. 여전히 고독하고 우울합니다. 채워도 채워지지 않는 갈증, 정말이지 죽음에 이르는 병 가운데 있습니다. 그래서 그들에게는, 우리 모두에게는 예수 그리스도가 절대적으로 필요합니다.

　2022년 7월에 성도들과 함께 제주도로 국내 선교를 떠났습니다. 아직 코로나가 완전히 종식되지 않은 시점이었지만, 너무나도 힘겨워하는 지역교회의 어려움이 '와서 도우라'는 마게도냐 사람들의 외침처럼 여겨져서 2천 4백 명이 비행기에 몸을 실었습니다.

　우리는 제주도 60여 교회로 흩어져 복음을 전하고 구제와 긍휼 사역을 하였습니다. 제주도는 남한에서 복음화율이 가장 낮은 지역입니다. 그래서 사실 많은 사람들이 부정적이었습니다. 제주도 사람들은 교회에서 행사를 한다는 소식을 들으면 아무리 괜찮은 행사라 한들 모이지 않을 것이란 의견이 지배적이었습니다.

그런데 그 주간에 우리는 60교회와 함께 9천여 명에게 복음을 증거했습니다. 그리고 그중 1,220명의 제주 도민들이 예수님을 영접하는 놀라운 역사를 경험했습니다.

2023년에는 전라도 전주지역 10개 도시를 축복하자는 마음으로 3천 6백여 명이 10개 도시 70교회로 흩어져서 지역교회들과 연계하여 복음을 전했습니다. 우리는 2만 1천 명에게 복음을 증거해서 2,022명의 결신자를 얻었습니다.

시대와 지역과 문화와 상황을 넘어서서 인간이라면 누구에게나 하나님을 만나는 축복이 필요합니다. 코로나19라는 재난 상황 속에서 겪은 이 놀라운 복음의 이야기를 여러분과 함께 나누고 함께 기뻐하길 원합니다. 그리고 그 복음이 지금 나의 삶을 완전히 바꿀 수 있는 소중한 초대로 전해지길 바랍니다.

성경적으로 그리스도인이 된다는 것은 나의 옛사람이 예수 그리스도의 십자가에서 죽고, 나의 새사람이 그리스도 안에서 탄생하는 것입니다. 이것은 나의 실존적 자아가 죽는 것처럼 느껴져서 두려움이 수반될 수 있지만, 예수님 안에서 나의 참된 자아가 탄생하기 때문에 너무도 흥분되고 세상 어떤 것에도 비교할 수 없는 기쁨을 경험하게 되는 것이기도 합니다.

C. S. 루이스가 이런 말을 했습니다.

"알이 새로 변하는 것도 어렵지만, 새가 알로 남아서 나는 법을 배우는 것은 더 어려운 일입니다. 우리는 지금 새의 알과 같습니다. 그리고 우리는 언제까지나 평범하고 썩지 않은 알로 있을 수 없습니다. 우리는 부화하거나 상할 수밖에 없습니다."

변화가 두렵다고 우리의 실존을 모른 채, 예수 그리스도의 복음을 모른 채 살아갈 수 없습니다.

복음은 우리를 변화시킵니다. 복음은 우리가 변화되기를 원하는 모습과 비교할 수 없을 정도로 우리를 선하게 변화시키고 무엇보다 우리를 기쁘게 합니다. 이런 놀라운 예수님의 축복에 여러분 모두를 초대합니다. 예수님으로 다시 시작하는 것입니다!

JESUS 스타트

초판 1쇄 발행	2024년 5월 24일
지은이	최성은
펴낸이	여진구
책임편집	이영주 박소영
편집	최현수 안수경 김도연 김아진 정아혜
책임디자인	노지현 마영애	조은혜 이하은
홍보 · 외서	진효지
마케팅	김상순 강성민
제작	조영석 허병용

마케팅지원 최영배 정나영
경영지원 김혜경 김정희

303비전성경암송학교 유니게 과정
이슬비전도학교 / 303비전성경암송학교 / 303비전꿈나무장학회

펴낸곳 규장

주소 06770 서울시 서초구 매헌로 16길 20(양재2동) 규장선교센터
전화 02)578-0003 팩스 02)578-7332
이메일 kyujang0691@gmail.com   홈페이지 www.kyujang.com
페이스북 facebook.com/kyujangbook   인스타그램 instagram.com/kyujang_com
카카오스토리 story.kakao.com/kyujangbook
등록일 1978.8.14. 제1-22

ⓒ 저자와의 협약 아래 인지는 생략되었습니다.
이 출판물은 저작권법에 의해 보호를 받는 저작물이므로 무단 전재와 무단 복제를 할 수 없습니다.

책값 뒤표지에 있습니다.
ISBN 979-11-6504-531-9 03230

규 | 장 | 수 | 칙

1. 기도로 기획하고 기도로 제작한다.
2. 오직 그리스도의 성품을 사모하는 독자가 원하고 필요로 하는 책만을 출판한다.
3. 한 활자 한 문장에 온 정성을 쏟는다.
4. 성실과 정확을 생명으로 삼고 일한다.
5. 긍정적이며 적극적인 신앙과 신행일치에의 안내자의 사명을 다한다.
6. 충고와 조언을 항상 감사로 경청한다.
7. 지상목표는 문서선교에 있다.

하나님을 사랑하는 자 곧 그의 뜻대로 부르심을 입은 자들에게는 모든 것이 合力하여 善을 이루느니라(롬 8:28)

규장은 문서를 통해 복음전파와 신앙교육에 주력하는 국제적 출판사들의 협의체인 복음주의출판협회(E.C.P.A:Evangelical Christian Publishers Association)의 출판정신에 동참하는 회원(Associate Member)입니다.